감성보고서
마술을 펼치다

스마트 여초 감성의 시대

감성보고서
마술을 펼치다

이대영 · 박성철 공저

변화하는 보고서의 모든 것,

시대적 감각으로 파헤친다!

생각나눔

프롤로그: 조직과 국가 운명이 종이 한 장에

"종이 한 장이 사람과 개, 호황과 침체를 가른다."

휴지 한 장

"여러분, 공직 혹은 조직사회에선 '사람은 종이 한 장 차이'란 말을 합니다. 사실 산 사람과 죽은 사람도 부고라는 종이 한 장 차이입니다. 심지어 사람과 개의 차이도 종이 한 장입니다. 즉 휴지 한 장으로 뒤를 닦느냐 닦지 않느냐 차이입니다."

1970년도 예비군 훈련시간 중에 입담이 좋은 한 중대장이 한 농담이다. 그러나 요사이 애완견은 사람과 차이가 거의 나지 않는다. 사람과 같이 자고, 용변을 보면 주인이 뒤를 닦아준다.

서면보고 이후 오리무중 7시간

"대통령이 세월호 참사와 관련 첫 서면보고를 받았다는 4월 16일 오전 10시 이후 중앙재난대책본부에 방문한 오후 5시간까지 7시간 동안 어디에서 뭘 했느냐?"[1]

2014년 7월 24일, 국회운영위원회 야당 국회의원 청와대 비서실장에게 던진 질의다.

"(대통령의) 위치에 대해 내가 알지 못 한다."

청와대 비서실장은 대답했다. 국가적 대참사를 지휘해야 할 대통령의 '오리무중 7시간'에 대해서 국민들의 추측과 망언은 이어졌다.

'세월호 사건 당일 대통령이 J를 만났다는 허위 소문' 산케이신문 K 전 서울지국장 사건에 서울중앙지법 형사합의부 30부 발표(매일경제, 2015.5.30.). 한편 세

월호 국민대책회의 P 공동운영위원장, 대통령을 향해, "세월호 사고 당일 마약한 게 아니냐? 보톡스 맞은 게 아니냐?" 말해 피소(TV조선, 2015.6.23.)

이런 논쟁을 하는 동안 300여 명의 생명 중 한 사람도 건져내지 못 하고 차가운 바닷물에 그대로 수장되었고, 바다 한 가운데 드러

누운 세월호 여객선을 그대로 둔 채 싸움만 하고 있다. 나라 경제는 참으로 명줄이 길다 숨을 헐떡이면서 바닥에 몸져누워있다.

서면보고 6일 뒤 대면보고

"다시금 정부 내 보고 체계가 입에 올랐습니다. 보건복지부 장관이 MERS 발생 6일이 지나서야 대통령에게 대면보고를 했다는 겁니다. 그것도 단독 보고가 아니라 국무회의 자리에서였습니다. 보고가 너무 늦었다는 추궁에 장관은 '유선으로 보고했다.' 이렇게 답했다고 하죠. 또 이게 논란이 되니까 청와대에서는 곧바로 이런 해명들을 내놨습니다. '참모들과 거의 30통 넘게 전화', '하루 25시간이란 각오로 뛰어달라고 전화로 당부' 대통령 역시 유선상의 지시를 바쁘게 내리고 있다는 전언이었습니다."

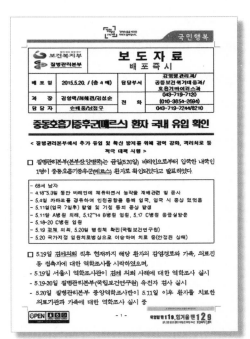

2015년 6월 9일, JTBC '(^^), (ㅠㅠ) MERS 보고 체계' 앵커 브리핑의 일부다.

이런 불통으로 인해 국민

33명 이상이 죽었고, 1만5천 명 넘게 MERS 질환으로 격리되는 등 온 나라가 야단법석을 떨었다. 이런 소란 속에서 정치는 두 손을 놓았던 것 같았으나, 작년에 바닥에 드러누워 헐떡이는 경제의 숨통을 두 손으로 움켜쥐고 있다.

종이의 마술

"AD 105년 후한 채윤(蔡倫)이 종이를 발명한 뒤로 종이가 부리는 마술은 대단하다. 몇백 년의 국가 역사도, 성인의 말씀도, 위대한 정치인의 업적도 종이에 담긴다. 로마제국도 '작문 정치(rhetorical policies)'라고 했다. 삼라만상을 평면 위에서 담고 녹아내리게 하는 마술이 바로 종이의 마술이다. 노벨상도 종이 한 장이고, 위대한 수상자들의 업적도 종이 위의 기록으로 판단한다. 보고서 한 장이 국가 경제를 좌우하는 것은 물론이고, 세계 대전을 야기 시키는 도폭선이 될 수 있다."

어느 인문계 고등학교의 세계사 선생님이 하신 말씀으로 기억하고 있는 말이다.

사람은 사람보다 종이를 더 믿는다

"사람은 거짓말을 하곤 한다. 그래서 수사 기관에서는 수사 사실을 종이에 기록하고, 변호사도 증인과 소송당사자의 언행을 종이에 적는다. 판사는 종이의 기록을 보고 판결한다. 사람은 사람을 믿지 않고 종이를 더 믿는다."

영화 『소수의견』에서 방금 사법연수원에서 나온 새내기 국선변호인이 한 말이다.

"친한 친구 사이일수록 금전 거래를 하지 말게. 보증설 자식은 낳지를 말라고 성경에 나왔듯이 절대로 보증서지 말게. 금전 거래, 고용 계약 등은 반드시 계약서를 만들게. 복잡하고 곤란한 문제는 종이로 쉽게 해결하지. 서양 유명한 인사들은 아예 고문변호사를 대동하지. 대화 내용을 문서로 작성하여 서명하게 하네. MOU(양해 각서) 혹은 MOI(이행 각서)와 같은 서류를 나중에 따지고 들기에 참으로 종이의 위력을 느끼게 되네."

변호사 친구가 하는 말이다.

"사람은 사람에게 배우는 것보다 책이란 종이로부터 더 많은 것을 배운다. 참으로 이상하다. 사람이 만든 책보다 책이 만든 사람이 더 많다. 책이 이렇게 사람보다 더 많은 사람을 만든 것은 믿음이다. 판사들은 '증인보다 종이(서증)가 더 미덥다(진정성이 있다).'고 한다. 특히 민사소송에서 자필 서류 한 장은 증인 100명보다 더 진정성이 있다."

부장 판사를 역임하고 퇴임한 절친한 대학동기생의 말이다.

승진의 마술 카펫 보고서

"윗사람의 눈도장을 받는 최선의 방법은 보고다. 매일 한 번씩 얼굴 들이밀기를 하면 승진은 '떼어 놓은 당상'이 된다. 보고서는 평상시엔 의사결정과 소통을 원활하게 흐르게 하는 파이프 라인과도 같다. 비상시엔 초동 진화의 소화기, 심야 특공대의 낙하산, 구성원을 뭉치게 하는 찹쌀풀, 뜻하지 않게 다이너마이트에 불을 붙이는 도화선이 될 때도 있다. 그러나 일반적으로 조직 내부에 상하 직원 사이에 정보와 마음을 담아서 전달하는 종이비행기다."

나의 보고서에 대한 개념이다.

보고서 마술이 펼쳐진다

"과거의 인간적인 정감이 흐르는 감성적 보고서(얼굴 내밀기)는 최근 이기주의의 팽배와 지식 정보의 발달로 인해서 논리적 보고서(종이 보고서)로 발달하였다. 그런데 우리나라엔 지난 2012년 12월 19일 박근혜 대통령의 당선을 계기로 2016년 여성공무원〉남성공무원의 여초현상이 생겨, 보고서도 서서히 논리 보고서에서 디지털 감성 보고서로 변화하는 전환점이 될 것이다."

이런 시대적 감각을 갖고 보고서에 대해서 동서고금, 지구촌 하늘과 땅속까지 다 뒤져서 손에 잡히는 것일랑 모두 챙겨 정리하고 분석한 결과를 말씀드리고자 한다.

2016. 1.

대구 중앙 도서관 자료실에서

이대영/박성철

목 차

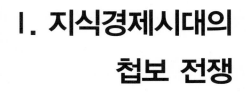

I. 지식경제시대의 첩보 전쟁

1. 보고(서)의 기원(基源)

천지창조의 결과 서면보고

"가장 먼저 천지가 창조되었다. 지구는 형태도 없었고 텅텅 빈 상태였다. 깊은 곳엔 어두움이 깔려있었고, 물 위에는 어떤 생각들이 둥둥 떠 맴돌고 있었다. '빛이여 생겨나라'하고 외쳤더니 빛이 생겨났다. 직접 눈으로 빛을 확인하고, 즐거워하시며, 어둠과 밝음을 양분하여 밝음을 낮, 어둠을 밤이라고 이름을 지어주면서 부르게 했다. 이름에 따라 밤낮이 교차하는 아침과 저녁이 있었으니 이것이 첫날이었다."[2]

즉 i) 가장 먼저 소통부터 했던 것이다(said). ii) 하루라는 정해진 시간 안에서 딱 한 가지 작업만을 했다. iii) 결과에 대해서 직접 눈으로 확인했다(saw). iv) 생각과 결과가 같음에 즐거워했다. 확신이 생겼고, 칭찬과 보상을 스스로에게 했다. v) 좋아할 것만 아니라 최악을 대비해 구별하고 분리(separated)하였다. vi) 이것만으로 마음이 놓이지 않아 의미 부여와 철학이 녹아내린 이름 짓기까지(called) 하였으며, 또한 활용할 수 있도록 규정, 예산을 고려하고, 업무 매뉴얼에서 책임과 소명(calling) 등 세부 사항까지 정한다. vii) 밤낮의 전환점인 저녁과 아침을 몇 번이고 체크하시고서야 비로소 문제가 없자 뒷정리와 뒤풀이를 하시고 첫날 하루를 마무리했다.

이렇게 첫날을 시작하여 6일간 작업을 하고 마지막 7일째는 휴식하였다. "하늘과 땅을 지어내신 순서는 이와 같다."[3] 천지창조의 전 과정을 소상하게 기록했던 보고서(report) 혹은 백서(white book)다. 오늘날 우리들이 당장 활용해도 조금도 손색이 없는 '창조 매뉴얼'이고, '신의 한 수'를 전수하고자 하는 기획서가 될 수 있다. 좀 더 자세히 말하면 최초의 사례 중심 서술형 보고서다. 성경의 최종 보고서는 요한계시록으로 천국 출장 결과 보고서, 일본식 표현으론 출장복명서다.

BC 1450년경 선지자 모세(Mose)는 후손들에게 전하고자 창세기를 썼다. 그가 이렇게 최초로 서면 보고서를 쓴 것이 오늘날 우리에게 던지는 시사점은:

ㅇ 천지창조는 소통에서 시작한다. 말을 하지 않으면 신도 모른다. 신도 혼잣말로 "빛이여, 생겨라."하고 말했다. 알라딘의 마술 램프도 주문을 걸어야(말을 해야) 작동한다. 조직은 상의하달(지시)과 하의상달(보고)에 의해서 소통한다.

ㅇ 천지창조 프로젝트 기간이 7일(6일 작업, 1일 안식), 노아의 방주 프로젝트 기간이 7일이었다. 매사에 충분한 시간, 인력 및 돈이 주어지지 않는다. 이를 충분히 준다면 잘 되는 것이 아니라 망친다

는 사실(過猶不及)을 알기 때문이다. 따라서 기한을 정하고, 데드라인을 설정해 작업(기획, 프로젝트)해야 한다.

○ 일을 했으면 반드시 직접 챙겨라. 직접 두 눈으로 점검하고, 계측하고, 사실 확인을 해야 한다. 최종이 아니더라도 중간 목표 점검과 중간 성과를 평가해야 한다. 특히 말에 대해서는 사실 확인(fact check)을 하라. 우문현답(愚問賢答)은 "우리의 문제는 현장에 답이 있다."[4]고 하신 박근혜 대통령의 농담이 정곡을 찔렀다.

○ 보고하는 방법은 한마디로 "말하면 이해하고, 보여주면 믿으며, 함께 참여시키면 감동하는" 것이다.[5]

○ 결과에 만족할 것만이 아니다. 호사다마(好事多魔)이니 최악을 대비하여, 구분하고 규정하여야 한다. 관리 규정은 물론이고 매뉴얼을 작성하여 사명과 책임 등 분명히 하여야 한다.

○ 평가에 따라 반드시 논공행상(論功行賞)하고, 시작이 반이라면 마무리는 전부다. "끝이 좋아야 다 좋다."[6]는 독일 속담을 명심하라. 마무리(finish)는 뒷정리, 뒤풀이, 뒷말, 뒷모습을 좋게 남기는 것이다.

가나안 정탐 선발대의 대면 현물 보고

"모세, 아론과 이스라엘 후손들이 모여 사는 지역 사회가 있는 바란 광야 가데스(Kadesh in the Desert of Paran)에 가서 모여든

군중들에게 (40일 동안 가나안을 정탐한 결과를) 보고하고, 그 땅에서 꺾어온 과일을 보이며, 모세에게 아뢰기를 '당신이 우리를 보낸 땅에 갔었습니다. 과연 그 땅은 젖과 꿀이 흐르고 있었으며, 이를 증명하는 것이 그 곳에서 꺾어온 이 과일입니다.'"[7]

가나안 정탐 선발대의 보고였다. 사실 이전에 모세는 각 부족장이 신임하는 사람을 한 명씩 뽑았다. 그곳에 가 i) 사는 사람의 품성(강약), 인구수의 많고 적음, ii) 토지가 기름진지 혹은 척박한지, iii) 성읍이 진영에 있는지 산성인지, iv) 수목이 무성한지를 탐색하고, 그곳의 과일을 가져오라고 했다. 그들은 정탐하고 와서 포도, 석류와 무화과 나무를 꺾어 와 보여주면서 보고를 드렸다.

사람들이 사람의 말을 믿지 않았기에, 430년 동안 이집트에서 노예 생활을 하고 석방되어 가나안 땅을 향해 가는 데, 걸어서도 11일이면 충분한 거리인데 40년이 걸렸다. 불신과 불화로 한 발도 앞으로 나갈 수가 없었다. 신의 말을 전했는데도 믿지 않아서 '10계명'이라고 석판에 새겨서 눈앞에 보여주었더니 몇 명은 믿었다. 그래서 이번 가나안의 정탐 결과에 대해서 불협화음을 없애고자 사전에 눈에 보이는 증거물(과일)을 가져오게 했다.

물론 모세 이전에 먼 조상 노아(Noah)는 동물을 활용하여 정탐한 사례가 있었다. 대홍수가 닥쳐서 눈에 보이는 것은 물뿐이었다. 어느 곳에 육지가 드러나고 있는지 알 수 없어서 방주에서 비둘기를 날려 보냈다[8]. 하루 종일 1,000km 이상을 날아다니다 집으로 돌아올 때 나뭇잎을 물고 온 것을 보고 육지가 물 밖으로 드러났다는 사실을 알았다. 또한, 그곳에 나무가 자라고 있음을 눈으로 보고 확신했다.

우리나라에서는 상소(上訴), 장계(狀啓)라는 이름으로 국왕에게 보고를 하였다. 평시는 문서로 된 보고서만으로도 국왕을 믿었고, 하명을 하였으나 국난이나 전시에는 통솔하는 장수의 장계마저도 믿지 않고 장계(전투 결과 보고서)와 수급 상자(首級箱子)를 같이 보냈다. 장계에 적힌 전과(죽인 적군의 수)를 국왕이 직접 확인하도록 적군의 머리를 잘라서 상자에 넣었다.

임진왜란 중에 악랄한 왜장은 부하 병사의 목을 잘라서 조선 장수에게 주고, 화해를 청하거나 퇴로를 내달라고 거래했다. 그러나 왜군의 절반은 조선 백성이었기에 부하 병사의 목을 잘라서 조선 장수와 거래해도 죽는 것은 조선인이었다. 밤새 조선군과 싸웠던 조선 백성을 데려다 새벽에 목을 잘라서 수급을 만들었다. 조선 장수는 왜장으로부터 거래해서 받은 수급을 국왕에게 장계와 함께 보내서 탁월한 전공으로 앞서갔다. 왜장이 보기는 이러했을 것이다. "조선인들은 참으로 바보스럽구나! 조선 장수는 백성을 죽이도록 왜장과 거래하고, 국왕은 더 많은 백성을 죽이도록 장수를 승진시켜주니……."

제갈공명의 비단 주머니

"우리가 선량하다는 은총을 발견한다면 모든 게 가능해집니다. 그 은총을 통해 모든 게 바뀔 수 있습니다. 어메이징 그레이스, 어메이징 그레이스……." 2015년 6월 26일 오후, 미국 사우스캐롤라이나 찰스턴 교회에서 백인의 총기 난사로 희생된 흑인 6명의 장례식에 참석한 오바마(Barak Obama) 대통령이 30분 남짓 추모 연설을 하다 말을 멈추고 고개를 숙였다. 한동안 침묵하던 그의 입에서 흘러나온 것은 찬송가 '놀라운 은총(amazing grace)'이었다. 웃음과 박수, 기립 합창이 이어졌고, 누군가 오르간 반주까지 시작했다. 참석자 6천여 명이 모두 성가대가 되었다.[9]

손권(孫權)의 휘하에 있는 주류(周瑜)가 유비(劉備)를 사로잡고자 미인계를 썼다. 손권의 여동생을 유비와 결혼을 시키겠다고 청을 넣자, 유비는 술책이라고 생각하고 여러 장수들과 의논을 했다. 그러나 제갈공명은 "좋은 기회입니다. 무슨 일이 있겠습니까?"라고 주선했다. 제갈공명은 조운(趙雲) 장군에게 비단 주머니에 무슨 메시지 3개를 적어서 넣어줬다. 공명이 시키는 대로 적진에 들어가기 전에 첫 번째 메시지를 봤다. "결혼에 대해서 소문을 내어라." 그가 적힌대로 소문을 내자, 결국 손권의 어머니까지 알게 되어 노발대발하면서 어떻게 딸을 그렇게 이용할 수 있느냐고 하였다. 두 번째 메시지는 "손권의 어머니에게 면접을 받아라."였다. 그래서 유비에게 직접 손권의 어머니를 알현하고 면접을 보게 했다. 어머니는 그가 '천하의 대장부'라서 딸을 주고 결혼을 시켰는데 문제가 생겼다. 유비가 귀국을 하려는 꿈도 꾸지 않았던 것이다. 하는 수 없이 조운은 마지막 메시지를 뜯어봤다. "조조가 촉나라를 침입한다는 전갈이 왔다."는 것이었다. 이를 유비에게 얘기하자 유비가 곧 돌아왔다. 이렇게 하여 호랑이굴에 들어가서 보석 같은 아내도 얻었고, 조조 군대와 맞서는 우방(友邦)까지도 동시에 얻었다(錦囊妙計).[10]

제갈공명은 필승의 의지를 담아 후출사표(後出師表)를 쓰고 북벌을 감행했다. 오장원 전투, 북벌의 마지막 기회에 사력을 다했으나 사마의의 지구전에 패하고 세상을 떠났다. 모든 군권은 양의와 강유에게 이관되었다. 평소 야심을 가졌던 위연(魏延)은 마대와 같이 의기충천하게 반란을 일으켰다. 강유가 근심에 싸여 있는데 양의가 제갈공명이 '죽으면서 남긴 비단 주머니의 메시지(遺計斬魏延)'를 뜯어보자고 했다. 열어보자마자 양의는 진영을 정비하고 병마를 휘몰아쳐 위연의 병영 앞까지 갔다. "위연아! 감히 나를 죽일 자가 누구냐? 라고 3번만 외쳐봐라. 그렇게 하면 대장부로 여기며, 이 나라를 갈라주겠다."라고 했다. 위연은 "그런 소리 백 번이 아니라, 만 번이라도 하겠다. 자, 들어봐라. 감히 나를 죽일 자가 누구냐?"하고 외쳤다. 세 번을 외치자 메아리가 끝나기도 전에 측근에서 보좌하던 마대의 칼이 위연의 목을 잘라 땅바닥에 떨어졌다. 제갈공명은 미리 위연의 배반을 알고 마대를 위장하여 전향시켰던 것이다.[11]

정보나 첩보(미확인 정보)를 알리는 보고는 정황을 이해시킬 수는 있으나, 확신을 주지 못한다. 그래서 국왕이나 상사의 눈앞에서 얼굴과 현물을 보여주면서 보고하면 믿음을 얻을 수 있다. 그러나 이것도 감동을 시키기는 부족하다. 전투, 모험 또는 프로젝트 현장에 보고받을 사람을 동참시켜 보고를 드린다면 공감시키거나 감탄하게 할 수 있다. 고구려 안시성 혈투에 참여한 당 태종 이세민에게 현장 보고를 했던 위징(魏徵)의 말은 한마디, 한마디가 핏방울이었다. 임진왜란으로 대궐을 버리고 의주로 피신하던 선조대왕에게 백성의 참혹함을 보고했던 유성룡의 말은 그 한마디가 칼날이 되어 듣는 사람의 가슴을 도려내었다.

2. 보고서의 다양한 모습

짧아야 매혹적인 보고서

"첩보의 옹달샘, 정보의 전서구(homing pigeon), 일방 종이비행기, 조직의 지렛대, 상사 겨냥 미인계, 마무리의 꽃, 시작의 신호탄, 중간 과정 이정표, 출세의 마전주구(馬前走狗), 평지풍파 방아쇠, 승진의 마술 카펫, 조직 소통의 혈액, 상사 보험 지불금, 눈도장의 빌미, 타이밍의 예술, 면피용 똥 열, PMS(previous menstruation syndrome)의 패드, 또 다른 충성 편지, 토사구팽 맹세서, 상사용 입마개, 상하 간의 찹쌀풀, 믿음의 징검다리, 순종의 탐지기, 부하 직원 들볶기, 조직의 개목걸이, 신뢰성의 디딤돌, 만사의 결과 표시, 보고서가 다 말해, 피로 쓴 승전보, 눈물의 진주 반지……."

보고서에 대해 7자 이내로 느낌이나 정의를 표현해달라고 직원에게 부탁하여 받은 십인십색의 개념이다.

"각하께 문안드립니다. 제가 다스리는 지역에서 최근 수년 동안 일어난 사건은 너무나 독특한 일이어서 시간이 흐름에 따라 우리나라의 운명까지 변하게 할지 모르는 일입니다. 저는 사건이 일어난 대로 각하께 소상히 알려 드리고자 합니다. 왜냐하면, 최근에 발생한 사건은 모든 다른 신들과도 조화될 수 없는 일처럼 보이기 때문입니다. 저는 '발레리우스 플라수스'를 계승하여 유대 총독이 된 날을 저주하고 싶을 정도입니다. 부임한 이래로 제 생활은 불안과 근심의 연속이었습니다……"[12)

AD 33년, 예수의 교수형을 집행했던 유대 총독 빌라도가 로마 황제에게 보고했던 보고서의 서문이다. 이것은 보고서(Report)라는 이름으로 된 최고의 보고서라고 한다. 보고서에는 "가이사의 것은 가이사에게, 하나님의 것은 하나님께 돌려줘라."[13)라는 예수의 가르침에 감동을 받아서 3년간 뒤를 돌봐주었다는 내용이 나온다.

'가이사'는 율리우스 시저(Gaius Julius Caesar)로 그는 역사에 많을 일화를 남겼다. 출생 때에 어머니 배를 가르고 태어났다고 해서 '제왕절개술(Caesarean section)'이라고 했다. 어머니는 아들보다도 더 오래 살았다. 어느 날, 바람둥이 정치인 클로디우스(Publius Clodius)가 그의 아내 폼페이아(Pompeia)를 건드렸다는 소문이 퍼졌다. 그러자 시저는 아무런 책임 추궁도 없이 아내와 이혼으로 대응했다. 이 일화는 '시저의 아내(Caesar's wife)'라는 말을 남겼고, 시저는 "내 아내는 의심조차 받지 말아야 한다고 생각했다."[14)고 했다.

"루비콘 강을 건넜다(crossed the Rubicon)."라는 시저의 말은, 단호한 조치를 취했으니 흥망을 걸고 한번 해보자는 뜻으로 사용되고 있다. 여기서 루비콘 강은 로마 공화정 말 이탈리아와 속주인 알프스 내륙 갈리아(현 프랑스)의 경계가 되는 강이다. "주사위는 던져졌다(Jacta alea est)."라는 용어도 당시에 생겼다. 그뿐만 아니라 당시 1년은 10개월이었는데 자신이 태어난 달에 자신의 이름을 넣어서 July(7월)라고 했고, 자신의 양아들 아우구스투스(Augustus Caesar)의 이름을 붙여서 August(8월)라고 하여, 1년을 12달로 만들었다.

"왔노라. 보았노라. 이겼노라.(Vendi, vidi, vici.)"[15]

인류 역사에서 가장 짧은 승전 보고서다. 이는 BC 47년 공화정 정치인이며 장군인 시저가 폰토스 파르나세스 2세(Pharnaces II of Pontus)를 격퇴한 젤라전투(Battle of Zela)에서 승리한 직후에 로마 시민과 원로원에 보낸 승전보였다.

상유십이 순신불사(尚有十二, 舜臣不死)

사라졌던 이순신의 장계초안집

"임진왜란부터 5, 6년에 이르는 동안 적이 감히 양호(충청과 전라) 지방에 쳐들어오지 못한 것은 주사(수군)로 그 바닷길을 막아냈기

때문입니다. 지금 신에게 아직 12척의 전선이 있으니, 죽을힘을 다해 적을 맞아 싸운다면 능히 대적할 방책이 있습니다. 이제 만일 주사(舟師)를 모두 폐지하신다면 이는 적이 천만다행이라고 좋아하는 바입니다. 호남 해안으로부터 한강까지 일격에 진격할 것인 즉 이는 신이 가장 두려워하는 최악의 자충수입니다. 전선이 비록 적다고 하더라도 미신이 죽지 아니한 즉 적이 감히 우리를 능욕하지 못할 것입니다. 1597(선조30)년 9월 이순신 장계"[16]

두 번째 백의종군으로 권율 장군의 휘하에 병졸로 있다가 다시 복직한 이순신이 임지에 와보니 그대로 싸울 수 없는 배 12척과 움직일 수 없는 부상병만 몇 명이 있을 뿐이었다. 마지막 죽음으로 백성과 나라를 구하겠다는 일념으로 국왕에게 일전의 의지를 적어서 장계를 올렸다.

"순신은 성은(聖恩)까지 배반해 백번 죽어 마땅하다. 그러나 이제까지 베푼 성은이 헛되지 않았으면 좋겠다. 이를 위해 '네 죄가 크니 국가사직과 백성을 구하고 죽으라.'고 하명하시오. 우의정 정탁 상소"[17]

1597년 정유재란으로 원균이 패전하여 전사했다. 이때 이순신은 부산진을 함락하라는 어명에도 몸을 사리고 왜병을 치지 않았다는 이유로 파직당한 상태였다. 또, 선조는 백성들이 지존인 국왕 자신보다도 이순신을 더 따르고 믿는다는 데 극도로 분노하여, 이순신이란 이름 석 자만 들어도 미쳐버릴 지경이었다. 그리하여, 선조는 "누구라도 이순신의 이름을 언급하면 삼족멸문을 면하지 못할 것이다."

하고 지엄하게 하명했다. 이때를 틈타 왜군은 다시 권토중래하고 있었다. 대신들은 당리당략에 놀아나고 있었고, 국왕은 백성들의 신음 소리에 귀를 막은 지 오래였다. "국가사직과 백성을 진정으로 생각하고 국란의 절명위기를 구할 사람은 이순신뿐이다."라는 확신을 가진 우의정 정탁 대감은 선조를 설득하기로 했다. 멸문지화를 당하지 않고 선조의 허락을 받아내는 건 '바늘귀보다 더 굵은 실 꿰기'와 같은 과제였다. 그는 며칠 밤낮을 고민하여 한지 한 장을 펼쳐놓고 붓을 들었다. 쓰고 지우고, 1,298자의 신구차(伸救箚)를 썼다. 목숨을 구하고자 신원하는 상소(伸救箚)라는 뜻이다.

3. 국가 운명이 보고서 한 장에

보고서(경고) 무시로 국란을 자초

"저비용이 무기인 중국과 고효율·고부가 가치를 내세운 일본의 협 공을 받고 있는 한국은 마치 호두까기 인형 속에 낀 호두(nut in the nutcracker)와 같은 신세다. (중략) 재정경제원을 해체하고 자 유경제원을 설치하고……, (중략) 극심한 실업난과 함께 2류 경제국 가로 전락할 것이다."

1997년 10월 30일, 서울 신라호텔에서 한국개발원과 부즈·앨런 & 해밀턴(Booz Allen & Hamilton) 국가경영전략 컨설팅사가 공동 발표를 했다. 비전코리아 국민보고대회에서 '21세기를 향한 한국 경 제의 재도약' 보고서를 발표한 일부였다.

"한국 경제의 펀더멘탈은 튼튼하다. 제2의 멕시코 사태는 절대로 없다."

"한국의 주가는 과도하게 저평가되어 있다. 아시아 외환 위기는 우 리에게 오히려 기회가 될 것이다."

1997년 10월 28일, 국회 경제 분야 대정부 질문에 대한 재정경제원 K 부총리의 답변이다. 1월부터 한보 그룹 등의 대기업이 줄이어 도산하고 있고, 주가가 곤두박질치는 와중에 정신이 나간 소리였다. 11월 14일, 국가는 국제통화기금(IMF)의 지원을 받아서 국가 부도에 가까운 '외환유동성 함정' 혹은 '외환 절벽(exchange cliff)'을 당했다. '대기업은 망하지 않는다. 은행은 부도나지 않는다.'는 신화는 박살 나고 말았다. 매일 아침부터 투신자살, 대기업 줄도산, 은행 청산, 노숙자 행렬 등이 신문지면과 텔레비전 화면을 장식했다. 상상을 초월하여 공직 사회에서도 20만 명의 구조조정(해고)이 단행되었다.

"하루아침에 폭삭 내려앉는 한국 경제에서 배울 것은 없다."

"일본을 망하게 하는 유일한 방법은 YS를 일본에 수출하여 IMF를 당하게 하는 것이다."

"없는 사람은 죽을 맛이지만 있는 사람은 대접받고 폼나는 세상이다. 그래서 있는 사람들은 '이대로'를 외친다."

주변 국가 중국에서 하는 말이다. 고속도로는 유가로 차량 운행을 자제하기에 10km 눈앞에 보이는 차가 없을 정도로 한산했다. 빈익빈 부익부의 심화 현상은 극도로 치솟았다. 1인당 GNP는 반 토막이 났다. 한국에 있는 공장을 다 팔면 미국 질레트(Gillette) 면도기 회사 하나 정도 살 수 있다고 했다. 역전에 무료 급식을 기다리는 노숙자들이 셀 수 없었다.

"정사 황윤길, 부사 김성일 선생, 자네 국왕에게 지금 편지를 쓰게. 이 사람, 관백이 조선을 치러 간다고. 사전에 만반의 준비를 해서 싸움다운 한판을 벌이자고. 이 관백이 알기로는 지금 인구로 조선의 4배, 국가 금고의 은자는 조선의 10배, 군사력은 조선의 12배가 되는데 그냥 싸워서는 너무 재미가 없어."

1591년, 일본통신사로 온 정사 황윤길과 부사 김성일에게 풍신수길이 국왕에게 긴급히 편지를 써서 보고하라고 거드름을 피웠던 말이다.

"왜군이 조선을 침입할 정상은 발견하지 못했습니다. 황윤길 정사가 장황하게 아뢰어 인심을 동요하게 하는데, 사의에 매우 어긋납니다. 또한 정사께서 관백의 눈이 반짝반짝하여 담과 지략이 있는 사람이라고 하시는데. 그의 눈은 쥐와 같아 마땅히 두려워할 위인이 못 됩니다."

1591년, 일본통신사로 정탐을 하고 온 부사 김성일이 귀국하여 선조에게 보고한 내용의 일부다.

"그대가 황윤길의 말과 고의로 다르게 말하는데 후일 병화가 있다면 어떻게 하려고 하느냐?"

"나도 어찌 왜적이 침입하지 않을 것이라 단정하겠냐."

유성룡이 재차 따져 물었다.

"다만 온 나라가 불안에 휩싸일까 봐 그런 것"

김 부사의 대답이었다.

1년이 지나자 1592년 4월에 임진왜란이 터졌다. 일본은 쳐들어오고 명나라 장수들은 매일 밤 '꽃 같은 아가씨(花樣女)'를 요구하는가 하면, 충청도, 경상도, 전라도(하남3도)를 일본에게 넘겨주고 왜병과 화친해야 한다는 주장만 고집하여, 조선을 지원하는 것이 아니라 군림하는 꼴이었다. 당시 조선의 전황은 명국과 일본국 사이에 끼어 박살 나는 호두 신세였다.

한국의 '호두까기 인형(The Nutcracker)' 공연

"클라라는 크리스마스 선물로 호두까기 인형을 받았다. 사악한 쥐들과 호두까기 인형 사이에 치열한 싸움이 벌어졌다. 호두까기 인형은 눈꽃이 흩날리는 숲을 지나 클라라를 과자 왕국으로 데려간다."

1892년, 표트르 일리치 차이코프스키(Pyotr Ilyich Tchaikovsky)가 독일 동화 '호두까기 인형과 쥐의 왕(The Nutcracker and The Mouse King)'을 각색하여 작곡한 뮤지컬 드라마다. 매년 연말 뉴욕 시립 발레단의 단골 공연 작품이다.

호두까기 인형의 포스터

"소련의 스탈린과 중공의 마오쩌둥의 공산화를 저지하기 위해 태평양에서의 미국 방위선을 알류산열도 – 일본 – 오키나와 –

필리핀을 연결하는 선으로……."[18]

1950년 1월 12일, 미국 국방부장관 딘 애치슨(Din Acheson)은 '아시아에서의 위기(The crisis in the Asia)'라는 연설을 전 미국신문기자협회(National Press Club)에서 했다. 그리고 이에 따른 주한미군의 철수를 단행했다. 이에 정부는 "평양에서 점심, 신의주에서 저녁을 먹자."는 북진통일을 외쳤고 대비는 하지 않았다. 결국은 1950년 6월 25일, 소련의 지원을 받은 북한군은 38선을 돌파하여 3일 만에 서울을 함락하였다. 소련과 미국은 한국이란 호두를 넛크래커에 넣고 박살을 내었다. 일본은 옆으로 튀어나온 호두알을 주워서 연 30% 이상 경제 성장을 하여 선진국으로 발돋움을 했다. 1970년대 우리나라도 이와 같은 현상으로 베트남 전쟁에서 경제 개발 동력을 얻었다.

우리나라 사람들은 매년 1592년 임진왜란, 1950년 6.25전쟁과 1997년 IMF 외환 위기를 자초한 뼈아픈 자성을 해야 한다. 호두까기(nutcracker) 속에 우리나라 백성이 들어가서 박살 났다는 사실을 기억하고 다시는 그런 일이 없어야 한다. 그러나 지금도 그런 위험은 상존하고 있다.

"글로벌 경제 위기 이후 악화됐던 선진국 제조업이 부활하고 있다는 분석이 나왔다. 그렇잖아도 중국을 비롯한 신흥국 기업의 추격을 받는 우리 기업들로서는 넛크래커(nut-cracker) 상황에 직면하는 모습이다."

2015년 4월 29일, LG 경제연구원의 『선진국 제조 기업의 경영 성과 좋아지고 있다』는 보고서에서는 우리나라가 직면하고 있는 경제 실정을 경고하고 있다. 그뿐만 아니라 정보통신기술, 게임 산업, 금융의 M&A, 스마트폰 시장……. 한국 경제가 전반적으로 아시아에선 일본과 중국의 넛크래커(nutcracker) 안에 끼어 있다. 지난 1997년도 IMF 외환 위기의 교훈을 망각하기도 전에 다시 당하는 일이 없도록 해야 한다. 우리나라가 더 이상 '호두까기 인형'에 끼는 호두가 되지 말아야 하고, 우리나라의 경제가 더 이상 강대국의 호두까기 인형에 박살 나는 꼴만은 없어야 한다.

4. 지식경제 시대의 정보와 첩보

일본의 정보 기반

"유능한 독수리는 발톱을 감춘다(有能なワシは, 爪を隱す)."

"감추면 아름다운 꽃이 된다." 일본 민족성을 드러내는 일본 속담이다.

일본인은 정보를 중시하는 민족이다. 개인, 가족은 물론이고 국가도 기록하고 유지관리를 한다. 같은 실수(패)를 두 번 다시 하지 않는다. 언제나 앞날을 예측하고 준비하는 민족이다. "비 오는 날 비질한다."는 일본 속담이 대변한다. 우리는 우천이면 '낮잠 자기 좋은 날'로 인식하고 있으나 일본은 대청소를 한다. 물을 뿌리지 않고도 먼지가 나지 않고, 밖에서 할 일도 없던 차에 이제까지 미뤄온 집안 대청소를 한다.

우리나라 고대사에 왜구는 약 1,000번 이상 빈번하게 침입하였다. 침입할 때에는 반드시 기술자, 지식인 및 고서적 등을 전리품으로 확보해 갔다. 그렇게 정보를 수집하여 국가를 위해 활용했다. 연산군 때는 전주 지방의 한 은광에서 은 제련기술자를 납치하여 갔다.

그들은 그 정보를 활용하여 전국의 은광을 탐광하고, 제련소를 마련하여 세계 은 시장의 과반을 차지하였고, 그 막대한 자금으로 조총을 구입하여 1590년대 전 세계 조총의 33%를 갖고 있었다.

"이 조종은 왜놈들이 조선을 삼키고자 하는 사악한 물건이거늘 당장에 갔다가 버려라. 왜놈들의 귀신이 붙어서 대신들에게 조선 군기창에서 이렇게 만들자고 하면 문제가 되니……."

임진왜란 3년 전에 대마도 도주는 일본국 모르게 조총 3자루를 구입하여 조선 조정에 바쳤다. 국왕은 이것이 중요한 군사 정보라는 사실을 모르고 신하를 시켜서 버리게 했다. 그 뒤로 300년이 훨씬 지난 1882년, 구식 군대의 군졸들은 일본군의 훈련을 받고 지원을 받던 신식 군대와의 차별대우에 불만을 갖고 병기창을 습격하여 화승총(火繩銃)으로 무장하였다. 조선에 주둔하던 일본 군대는 고종의 윤허(允許)까지 받아 조선군의 화승총이 우천에 불발한다는 취약점을 알아내어 비 오는 날에 소탕전을 벌였다. 3만 명의 조선 군대를 섬멸하는데 일본 군인은 1명이 다쳤다. 한 마디로 인간 사냥이었다.

당시 무기 성능을 분석하면 화승총은 임진왜란 이후 개량되지 않은 채로 대장간에서 만들었으며, 분당 2발이 어려웠고, 우천에는 무용지물이었다. 일본의 개량총은 전문적인 병기창에서 제작하여 분당 12발 이상이었으며, 우천에도 아무런 영향이 없었다.

"임진왜란 때 조선 도공을 잡아와서 도자기 산업을 부흥시켰다. 이 도자기를 인도에 있는 네덜란드 동인도회사를 통해서 유럽에 고가로 판매해 세계 도자기 시장을 석권하였다. 유럽에선 일본 도자기 개수에 따라 귀족의 신분이 정해진다는 말이 있을 정도로 귀중품이었다."

이렇게 일본은 조선의 산업 정보를 수합하여 자신들의 부가 가치를 창출하는 데 활용하여 근대산업국가로 거듭나게 되었다.

"공장장, 며칠 전에 공장 앞에 있던 일본 식당이 없어졌는데 그곳 음식 맛이 일품이었지. 그런데 참으로 이상하지. 우리 공장에 들락날락하면서 서슴없이 이야기도 하면서 인정스럽고 친절했는데 말이야. 간다고 말을 했더라면 잘 가라고 축하 파티를 열어주었을 것인데. 외상값이 많았는데 하나도 받지 않고 갔다니……."

1780년, 영국 맨체스터 공업 단지 광목 공장 앞에서 식당을 운영하던 일본인들이 외상값을 하나도 받지 않고 야간도주하였다. 그들은 일본의 사업가들로, 영국의 광목(廣木)을 짜는 산업정보를 훔쳐서 본국으로 돌아와, 보다 폭이 넓게 옥색 광목을 만들어서 옥양목이라는 이름으로 세계 시장에 내놓았다. 그들은 미목경제전략(米木經濟戰略)으로 조선을 경제식민지로 전락시킬 암약을 전개했다.

"1800년 후반, 조선 무명은 1필(匹)에 12문(文)으로 거래 되었는데 일본 상인들의 옥양목은 3문에 판매하는데 식량(쌀)이나 물건을 받고 팔았다. 30년 동안 이렇게 쌀뿐만 아니라 입도선매까지 하였으니 조선의 식량 80%는 일본 상인이 장악하고 있었다. 곳곳에서는 방곡령(防穀令)이 내려졌다. 일본 정부는 조선 국왕을 협박하여 방곡령마저 무색하게 만들었다."

이것이 일제가 한일합방 이전에 이미 조선을 경제식민지로 만든 방법이다. 옥양목은 조선 무명천보다도 폭이 넓어서 광목이라고 했고, 옥색이 난다고 해서 옥광목이라고 했다. 조선의 국왕부터 촌로까지 선호하던 옷이었다.

"이 작전도는 미국 하와이의 관광용 항공사진 엽서다. 미국 놈들이 정보 누설을 철두철미하게 방지하고 있어서 작전 지도를 도저히 얻을 수 없었다. 그래서 이 엽서에 날줄과 씨줄을 그렸으니 이것을 보고 공격 목표를 정확하게 설정하고, 한 치 오차도 없이 폭격해 천황폐하에게 영광을 안겨다 주기 바란다."

1945년 초, 가미카제(かみかぜ) 특공대 연병장에서 소년 비행 대원에게 천황폐하가 하사한 사케(술)를 한 잔씩 마시게 하면, 황국신민의 맹세와 임무고지를 복창한다. 그리고 한 장씩 나누어주는 관제 엽서 크기의 작전도가 바로 하와이 항구를 상공에서 찍은 사진엽서였다. 폭탄이 장착된 비행기의 날개는 헝겊 천으로 되어 있었고, 돌아올 때의 항공유는 들어있지 않았다. 나비처럼 목표에 앉아서 벌처럼 쏘고 연기 속의 먼지로 분산되었다.

개인의 제6감(정보 감각)에서 첩보까지

"사람에겐 시각, 청각, 촉각, 미각, 그리고 후각이라는 5감이 있다. 그러나 일제 고등계 형사들에겐 제6감이라는 정보 감각이 있었다.

전문 교육과 고도의 훈련을 받으면 누구나 가능한 기능이다."라는 그분의 말이다.

그분은 동네 밖 산기슭 오두막에서 홀로 살며, 한문 글방을 운영했다. 아버님께서는 그분이 일본 고등계 형사로 이름을 떨쳤던 분이라고 했다. 그분 밑에서 1년간 한문을 배웠다. 배우기를 싫어하는 나에게 간접 흥미 교육을 한다고 자랑삼아 범인을 잡았던 무용담을 들려주었다. 지금 그분의 이야기를 더듬어 정리하면 제6감 정보는:

ㅇ 상식을 깨뜨리는 것을 파악하고 배후(의도)를 간파하라. 즉 있어야 할 것이 없고, 없어야 할 것이 있는 것. 참석할 사람이 참석하지 않고, 초청되지 않은 사람이 온 것 등

ㅇ 움직이는 모양새(동향, 동태, 동작)를 관찰하여 이상한 점을 찾아라. 즉 특이 동향, 특별한 필요 이상의 동작, 의외의 특정 인물 참관, 위험한 물건과 비정상적인 복장을 입은 것 등

ㅇ 배경, 무대 뒷면, 배후 지원자, 지원 사격이 가능한 장소, 평소 친소관계 등 파악하여 연계시켜봐라.

ㅇ 사전에 파악한 것, 중간 동향 등을 종합하여 연장선상에서 벗어난 것을 간파하고, 함정과 설치된 덫을 짐작해야 한다.

ㅇ 정보를 종합하여 상대방의 입장에서 재구성하고 재해석해서 성동격서를 알아내어야 한다. 36계략 마진법(魔陣法)을 활용하여 함정을 찾고, 밀회 장소를 선점하라.

ㅇ 현장에 주변 자연을 탐색하고, 주변 사람들에게 탐문하며, 설

치된 시설을 두들겨 탐타하고, 땅 밑이나 천정 등은 탐침을 해봐라. 음식은 동물에게 먹여 탐식하여라.

"관찰이나 측정을 통하여 수집한 자료를 실제 문제에 도움이 될 수 있도록 정리한 지식. 또는 그 자료"

"일차적으로 수집한 첩보를 분석·평가하여 얻은, 적의 실정에 관한 구체적인 소식이나 자료."

"어떤 자료나 소식을 통하여 얻는 지식이나 상태의 총량. 정보 원천에서 발생하며 구체적 양, 즉 정보량으로 측정할 수 있다. 자동화 부문이나 응용 언어학 분야에서도 쓰인다."

정보(information)란 무엇인가를 설명한 것이다. 첫째는 일상생활에 쓰는 정보의 낱말 뜻, 둘째는 군사 용어에서 사용하는 의미, 마지막은 전산 용어상의 정보에 대한 개념 정의다.

"휴민트(humint)는 우리 국민들이 하도 훌륭하기 때문에 많이 아실 텐데, 사람이 직접 수집하는 정보를 휴민트라고 하고요. 기술 정보라고 하는 것은 기술로 수집하는 정보인데 그것은 우리가 미국이나 이런 데가 훨씬 더 발전되어 있죠. ······미국의 기술 정보와 우리 정보기관이 가지고 있는 인적 정보, 휴민트를 결합해서 크로스 체킹(cross checking)을 하면 상당히 정확한 정보 파악이 된다고 하더라고요. 그러니까 이제 한미 간의 정보 공유가 굉장히 중요한 거 같아요."[19]

2015년 5월 14일 모 라디오 방송에서 대담한 내용의 일부다. 국가

정보의 수집에 대해서 한마디 언급한 것이다. 정보를 때로는 첩보(諜報)라도 한다. 일반적으로 상대편의 정보나 형편을 몰래 알아내는 것을 말한다.

BC 3000년경에도 상대방을 정탐하고자 간자(間者), 세작(細作), 첩자(諜者) 등을 밀파하였다. 손자병법에서도 마지막 제13용간편(用間篇: 간첩을 활용하는 법)을 마련하였다. 첩자가 제공하는 정보라는 의미에서 첩보라고도 했다. 과거에는 간첩 혹은 첩보원 등 인적 정보(humint: human intelligence)를 수집할 수 있었으나, 최근 첨단 정보통신기술을 활용하여 영상 정보(imit: imagery intelligence), 신호 정보(sigint: signal intelligence), 흔적 및 계측 정보(masint: measurement & signature intelligence)와 같은 기술 정보(techint: technical intelligence)를 수집할 수 있다. 그러나 대부분(80%)은 언론, 전문지 등에 공개된 누구나 알 수 있는 공개 자료 정보(osint: open source intelligence)를 통해서 수합하고 정리한다.

정확한 첩보(intelligence) 개념을 파악하고자 미국 CIA(https://www.cia.gov)에서 접속하여 '첩보의 정의(definition of intelligence)'을 인용하면:

"개인은 물론 비공인기관 등의 단체에서 생산·가공하고 있는 보안, 외교 정책의 실행과 지원을 하는 출처 불명의 행동과 국가안보 그리고 대외정책에 대해 국가의 필요성이 있는 정보를 수합하고 가

공 처리하는 것을 말한다."[20]

여기서 첩보는 정보를 가공·처리한 것을 칭한다. 일반적으로 미확인된 정보를 첩보라고 하는 우리의 용어와는 차이가 있다. 정보 가공이란 부가 가치를 창출하기 위한 의도, 기획, 디자인, 행동 계획 등이 더해진다는 것이다. 구체적인 실례를 들면 단순한 행사 보고(정보 제공)를 한다면 보고를 받는 기관장의 입장에서는 답답하다. 출석자, 축사, 피로연, 준비물, 집행 예산, 교통수단, 동행자 등을 추가하여 기관장의 손에 잡히게 해줘야 첩보가 된다.

국가 사활을 정보가 좌우

"시리아에서 원자력 발전소를 설치하여 원자폭탄을 제조한다는 정보가 포착되었습니다. 시리아와 이라크 국경에 원자력 관련 자재상을 운영하여 그들에게 헐값에 자재를 공급하여 원자력 발전소의 자재 공급원 확보, 원자폭탄 제조에도 연구원 배치 등으로 원자력 관련 프로젝트를 실패하게 한다."

1980년대 이스라엘 국가정보기관 모사드(Mossad)가 전개했던 암흑작전으로 시리아는 10년간의 노력이 허사가 되었다. 다시 시작하여야 했으나 2007년 미국의 공습으로 핵보유국의 꿈은 완전히 사라지고 말았다. 이스라엘을 정보를 활용해 함정을 파놓고 기다렸다가 치명적인 타격을 가했던 것이다.

"어느 나라든 무기 구매에 있어선 '적기에(sooner), 성능이 좋은 무기 체계를(better), 경제적으로(cheaper)' 사는 걸 목표로 삼는다. 그러나 방위 사업 비리 수사의 도화선이 된 통영함은 모든 게 반대였다. 1년 이상 구매 시기가 늦어졌고, 어군탐지기 수준의 음파탐지기를, 첨단기기보다 더 비싼 값에 장착했다."[21]

2015년 7월 8일 해상구조함인 통영함에 이어 소해함 비리에 대한 언론보도의 일부다. 소해함의 핵심 군사장비에 1964년산 전자부품을 설치하고, 개발되지 않은 지뢰 제거 장비를 2019에 납품하는 조건으로 고가로 선급, 성품 실험서 조작 등. 지구상에 애국심이 가장 강하다는 이스라엘 모사드 공작원이나 가능한 일을 자국의 해군장성이 할 수 있을까?

"F35는 록히드 마틴의 최신예 스텔스 전투기인데요, 1970년대에 개발된 F16 앞에서 맥을 못 췄습니다. 주특기가 멀리서 보고 먼저 쏘는 것이다 보니 기동성이 필요한 근접 교전에서는 밀린 겁니다. 1만 피트에서 3만 피트 상공에 직접 떠서 시뮬레이션 방식으로 17차례의 근접전을 벌였는데요, F35는 상승 속도가 느리고 일반 급기동 성능도 상대적으로 떨어지는 데다가 공격에 유리한 위치를 잡거나 상대의 공격을 피하는 데에 어려움을 겪었습니다. 완전 무장을 하면 이보다도 더 느려지겠죠."[22]

우리나라에서 미국 최신예 스텔스 전투기 F35를 대당 200억 원으로 40대 구입하고자 했으나 사전에 성능에 대한 정보를 파악하지 못하여 40년 전의 F16보다 공중전 기능이 뒤떨어진다는 내용이다.

"미국 등이 개발 중인 최신예 스텔스 전투기 F35 설계 등의 기밀 정보가 중국 사이버 스파이에 의해 빼돌려졌다고 호주 일간 시드니 모닝 헤럴드가 독일 언론을 인용해 19일 보도했다."[23]

또한, 2015년 1월 19일 우리나라가 도입하려는 최신예 스텔스 전투기의 기밀 정보가 2007년에 중국 스파이에게 빼돌려졌다는 보도다. 우리나라는 성능 문제 뿐만 아니라, 중국이 우리나라도 모르는 기밀정보를 동맹국인 북한에 이미 제공했을 수도 있다는 위험까지 안게 되었다.

5. 세상을 뒤흔들었던 보고서

로마 클럽 보고서(The Rome Club Report)

"인구는 기하급수로 늘어나는데 식량은 산술급수로 증가하기에 인류의 기아가 반드시 생겨날 것이므로……"[24]라는 맬더스(Thomas Robert Malthus)의 인구론이 1798년 발표되어 지금까지 신앙처럼 확실하게 자리를 잡아왔다. 종교적 종말론처럼 인류의 종말을 예언하는 '맬더스의 재앙(Malthus's catastrophe)'으로 많은 학자들이 확신하여 왔다.

1968년, 로마 클럽(Roma Club)이란 이름으로 세계 52개 국가의 학자와 기업인, 전직 대통령 등 각계 지도자 100명으로 구성된 연구

기관이었다. 창시자인 이탈리아의 실업가 아우렐리오 페체이가 환경오염 문제에 대한 연구의 시급함을 절감하고, 1968년에 30명을 모아 로마 클럽을 결성했던 것이 첫걸음

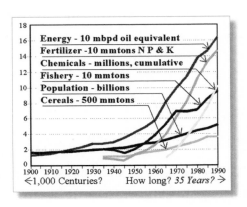

이었다. 1972년, 경제성장이 환경에 미치는 부정적 영향을 알리고자 '성장의 한계(The Limit of Growth)'를 발간하였고, 베스트셀러가 되어 국제적인 명성을 얻었다. 환경문제에 관해 "연못에 수련(水蓮)이 자라고 있다. 수련이 하루에 갑절로 늘어나는데 29일째 되는 날 연못의 반이 수련으로 덮였다. 아직 반이 남았다고 태연할 것인가? 연못이 완전히 수련에 점령되는 날은 바로 다음날이다."라는 말로 환경오염의 심각성을 경고하였다.

1994년, 로마 클럽은 '함께 지구의 미래를 건설하자.'라는 제목의 보고서에서 현재와 같은 방식으로 살아간다면 인류는 머지않아 자멸하고 만다면서 멸망을 피하려면 생각하고 살아가는 방식을 근본적으로 고쳐야 한다고 진단하였다. 즉 앞으로 인류는 세 가지 중요한 불균형을 직면하게 되는데, i) 지구상의 남과 북의 불균형이며, ii) 같은 사회의 부자와 빈자의 불균형, 그리고 iii) 인간과 자연 간의 불균형을 예측하였다. 21세기에 인류가 긴급히 해결해야 할 과제로 i) 물, ii) 에너지, iii) 토양(경작지, 식량), iv) 낙후 지역의 부흥, v) 군사 산업의 민수 사업으로의 전환 등을 들어 해법을 제시했다.

팔메위원회 보고서(The Palme Committee's Report)
핵전쟁에 대한 위기감을 바탕으로, 전면완전군축(全面完全軍縮)을 주장하는 '군축과 안전보장에 관한 독립위원회(팔메위원회)'가

1982년 6월 1일, 국제연합 사무총장에게 제출한 보고서다. 최종 보고서와 행동 계획 부속 문서로 이루어진다. 보고서는 i) 여러 나라의 안전 보장은 군사 우위를 통해서는 달성할 수 없으며, ii) 핵전쟁의 위험성은 현실로 존재하고 있고, iii) 핵전쟁의 결말은 매우 비참하며, iv) 군사 지출은 대국(大國)에 그치지 않고 제3세계에도 경제적·사회적으로 악영향을 끼치고 있다. 이런 점에 비추어 안전 보장에는 전진적 접근의 필요성과 제안 및 권고를 담고 있다. 행동 계획에서는 단기, 중기, 국제연합 강화, 지역 안전 보장의 항목으로 구분하여 구체적 조치 방안을 제시하고 있다.

뉴점 보고서(Newsom Report)[25]

1963년 영국의 중앙교육심의회가 교육과학성에 제출한 보고서다. 표제는 '우리들 미래의 절반(Half Our Future)'이다. 회장 존 뉴점(John Newsom)의 이름을 따서 이렇게 부른다. 중학교 또는 상급 교육기관의 전일제 과정(全日制課程)에 재학하는 13~16세의 학생 중, 평균 이하의 능력을 가진 학생의 교육 방법에 대하여 상세히 조사·검토하고, 의무교육 연한의 연장, 교육과정의 다양화, 직업 및 사회생활에 대한 준비의 필요성 등 여러 방면에 걸쳐 중요한 권고를 담고 있다. 내용은 '심의 결과의 보고', '학교 교육의 현상', '실태 조사의 결과' 등 3부로 구성되어 있다.

더럼 보고서 (Durham Report)[26)]

1837년 캐나다 식민지 반란 이후, 질서 회복과 원인 규명을 위하여 파견된 영국의 정치가 더럼이 1839년 정부에 제출한 보고서다. 정식 명칭은 '영국령 북아메리카의 정세에 관한 보고서(Report on the Affairs of British North America)'다. 하원의원 C. 불러와 E.G. 웨이크필드의 협력을 얻어 작성한 보고서로 폭넓은 관점, 솔직하고 명확한 점에서 대영제국(大英帝國) 역사상 가장 훌륭한 공식 보고 문서로 인정받고 있다.

더럼(Lord Durham)은 반란의 원인을 영국계 주민과 프랑스계 주민 간의 민족적 대립이라 지적했다. 영국계의 상(上) 캐나다와 프랑스계의 하(下) 캐나다를 병합하여 프랑스계 주민을 영국계 주민으로 동화시키고, 내각책임제에 입각한 자치권을 부여하는 것이 최선의 해결방법이라고 제시했다. 이 보고서에 의하여, 1840년 상·하 두 캐나다는 통일되어 대영제국에서 최초의 자치식민지가 되어 영국연방 형성의 기초를 다졌다.

밸푸어 보고서(Balfour Report)[27)]

1926년 영국 의회가 영제국(英帝國)과의 상호관계를 조사하는 소위원회를 임명, 동 위원회가 A. J. 밸푸어의 지도 아래 작성한 보고서다. 제1차 세계대전 후 영국 본국의 굴레를 벗어나려는 자치령 각국의 동향보고서다. 영제국과 자치령 제국(諸國)은 "왕권에 대한 공통의 충성심으로써 결합되나, 대등한 자격을 가지며, 각각 국내 문제에 대하여는 상호 간에 종속되는 것이 아니고, 영연방(英聯邦)의 구성국으로서 자유롭게 연합된 영국 제국(諸國) 내의 자치사회"라고 정의하였다. 이 보고서는 1931년의 웨스트민스터헌장(Statute of Westminster)에 채택되어 전면적으로 실현되었다.

코넌트 보고서(The Conant Report)

J. B. 코넌트(James Bryant Conant)가 미국의 중등 교육 및 교원 양성 제도에 관해 조사·연구한 보고서다. 1959년 당시 하버드대학 총장인 코넌트는 26개 주(州)의 고등학교에 대한 현상 분석과 21개 항에 이르는 구체적 권고를 담은 보고서를 '오늘의 미국 고등학교(The American High school Today)'라는 제목으로 발표하여 많은 반향을 초래했다. 이듬해 '중등 교육에 대한 권고(Recommendation for Education in the Junior High School Years)', 1963년에 교원 교육에 관한 보고서인 '미국의 교사 교육(The Education of American Teachers)', 1967년에는 제1차 보고서에서 권고한 문제점을 추적·조사한 '종합고등학교(The Comprehensive High School)'를 계속 발표했다. 이런 일련의 보고서는 교육의 현상에 대하여 날카로운 비판을 가했고, 다른 한편으로는 미국의 전통적인 민

주주의 교육의 각종 가치를 강조했다. 가치를 지키는 범위 안에서의 해결 방안을 제시하였으며, 미국 교육계는 물론이고 국내외의 공감을 받았다.

크라우더 보고서(The Crowther Report)[28]

1959년 G. 크라우더를 위원장으로 하는 영국의 중앙교육자문심의회(The Central Advisory Council for Education)가 제출한 청소년의 교육에 관한 보고서다. 정식 제목은 '15 to 18'이다. 15~18세에 해당하는 청소년의 교육에 대한 종합적 시책을 권고한 것으로, 후기 중등 교육 문제에 대한 관심을 세계적으로 높여 주는 계기를 마련했다. 본보고와 자료집의 2권으로 구성, 3년에 걸친 조사·연구 끝에 과거 60년간의 동향을 분석, 미래 20년간의 여건을 제시했다. 전후(戰後) 출생 인구 증가의 여파가 후기 중등 교육 단계 취학 인구의 급격한 증대를 가져오게 한 사실에 대처해, 교원 부족에 대한 수급 계획, 교육 내용의 개선 방법, 중등학교 입학시험인 일레븐플러스시험(11+ exam)의 개선책을 권고했다. 한편 교육의 제도와 경비 부담 등에 관한 광범위한 권고와 전일제(全日制) 의무 교육의 1년 연장(16세까지), 18세까지 주간 정시제(晝間定時制) 교육의 의무화 등 획기적인 제안이 포함되어 있다.

킨지 보고서(Kinsey Report)[29]

"세상 사람들이 공식적으로 말하는 것을 터부시해 왔던 성(sex)에 대한 비밀을 까밝히다니……. 미국 남성들은 평생 3,600번의 정사 중에 600번은 배우자 이외의 사람과 혼외정사를 한다니 등을……."

미국의 동물학자 A.C. 킨지가 조사·발표한 현대인의 성 실태(性實態)에 관한 보고서이다. 인디애나대학교 동물학 교수인 킨지는 록펠러재단과 국립연구평의회의 후원으로 두 사람의 협력자와 함께 미국의 모든 연령·직업·계급에 걸쳐 남성 5,300명을 면접하여, '인간에 있어서 남성의 성행위(性行爲) (Sexual Behavior in the Human Male)'를 상·하 2권으로 1948년에 발표하였다. 이어 1953년에는 여성 5,940명을 면접한 자료로 '인간에 있어서 여성의 성행위'를 발표하였다. 이에 의하여 현대인의 성생활의 실태가 밝혀져, 커다란 반응을 불러일으켰다.

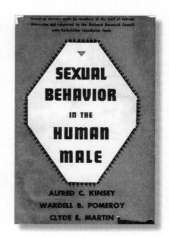

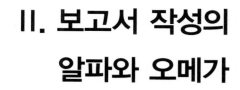

II. 보고서 작성의 알파와 오메가

1. 지식근로자는 서류를 생산한다

지식경제사회의 종이 작업(paperwork)

"대부분의 조직체(기관·단체)는 서류를 통해서 소통하고, 성장·발전하며, 서류를 남긴다."

근로자(labour)란 육체노동자와 지식근로자(knowledge worker)로 양분할 수 있다. 이는 생산 현장에서 근무하는 생산 현장 직원(field worker)과 사무소에서 일하는 사무직원(officer)이다. 작업 형태로 보면 생산 작업(product work)과 서류 작업(paperwork)으로 구분할 수 있다. 따라서 사무직원은 서류를 통해서 생산 관리, 판매 관리, 조직 관리, 노무 관리, 재정 관리 등을 하고 이를 서류로 만들어 문서 관리를 한다. 공무원 및 공공기관의 사무원은 대표적인 지식근로자들이다. 이들은 서류를 만들고 서류로 소통하며, 서류를 통해서 감사와 의사결정을 한다. 결국은 서류를 남긴다.

오늘날 우리는 지식경제시대에 살고 있다. 첨단 정보통신기술의 발달로 인해 '정보의 홍수 속에서도 고급 정보의 고갈 속에서 살고 있다.' 단적인 사례로 연인 사이인 남녀가 카페에서 만나서 얼굴을 보고 대화를 하면서 상대방의 정보를 탐색하지 않는다. 스마트폰만 들여다보고 대화는 하지 않으며 문자로 대화를 대신한다. 결국은 상대방의 정감 정보, 신체 언어, 인간성 등에 대한 정보를 얻지 못하고 만다. 정보의 바다 위에 통나무를 타고 항해하는 꼴이라고 해서 '통나무 타기(logging)'라고 한다. 첨단 통신기술이 발달함에 따라 인적 네트워킹과 소통은 더욱 소홀해졌다.

첨단 정보통신기술을 생산에 접목하여 생산 현장에 인력 감축과 생산비 절감의 효과를 가져왔다. 그러나 지식근로에서 자동전산화는 새로운 전산 요원, 장비 및 재료를 필요로 하여 인력도 재정도 증가하였다. 그러나 서비스의 속도와 품질에는 많은 향상을 가져왔다. 과거 1980년도 자치구 세정부서에 20~100명의 직원이 근무하였으나, 2010년도 자치구 세정부서에선 100~200명의 인력으로 10배 이상의 소요예산이 증폭되었다.

1970년대와 2010년을 비교하면, 미국의 정보통신사 IBM에서 '종이 없는 사무실(Paperless Office)'을 구현하겠다는 야심작 슬로건을 내걸었으나 오늘날은 더 많은 종이가 소요되고 있다. 지식경제시대엔 쓰레기의 70%가 종이이고, 서비스의 70%가 종이로 거래되고 있다. 고지서와 홍보물은 수십 배로 증가했으나, 종이책과 종이신문은 급감하였고, 손편지는 거의 사라졌다.

한편, AD 1440년 독일 요하네스 구텐베르크 (Johannes Gutenberg)가 금속 활자로 인쇄한 책을 읽으면서 철학을 배웠던 에라스무

스는 1500년에 "이젠 사람이 힘들여서 쓴 편지란 지구상에서 사라질 것이다."라고 예언하였다. 하지만 570년이 지난 지금도 손편지는 사라지지 않고 명맥을 유지하고 있다. 전자 문서가 주종을 이루고 있는 지식정보화시대인 현시점에도 종이서류는 존속하고 있다. 지식정보시대에서도 종이서류의 명맥은 여전하여 마치 손오공에 나오는 '부처님의 손바닥'과 같은 위력을 발휘하고 있다.

보고서 망국론

"우리는 전투하는 군인입니다. 보고서나 만드는 사무원이 아닙니다."

"우리는 범법자를 잡는 경찰이지, 보고서나 만드는 그런 사람이 아니다."[30]

1991년 1월 17일, 걸프전(Gulf War) '사막의 폭풍(Storm of Sands)' 작전에 참여했던 군인들이 사막 전투에 컴퓨터를 짊어지고 가서 보고서를 작성하면서 한 말이다. 1995년 10월, 뉴욕시장이 범죄와의 전쟁을 선포하고 뉴욕경찰서에 일일보고를 요구하자, 보고서를 작성하면서 했던 경찰의 볼멘소리였다. 1972년 미국에서는 행정 혁신의 일환으로 '서류 감축'을 통해서 행정 비용을 절감하자는 법령을 정비하고 추진하였으나, 20년이 지난 1990년대엔 '보고서 망국론'이 대두되었다.

최근 우리나라에서도 2014년 '청와대 문건 유출 사건(속칭 찌라시)'이 생겨났고, 2014년 4월 16일 세월호 침몰 사건의 '오리무중 7시간'과 2015년 5월 20일 메르스 감염 사건의 '6일 지연' 대면보고가 언론에 대두되었다. 미국처럼 보고서 작성으로 다른 일을 못 해서 문제가 된 것이 아니다. 대통령에게 보고를 했는데 신속히 인명 구조나 방역 조치를 하지 않아서 국민의 인명을 살릴 수 있는 '황금 시간(golden time)'을 놓쳤다는 점이 문제였다. 한편 공무원들은 보고서를 작성하는 데 인력을 집중해서 현장수습에 만전을 기하지 못했다는 점이 언론의 도마에 올랐다. 이렇게 하다가는 나라가 망하겠다는 '보고서 망국론'[31]이 생겨났다.

"한국 관료사회에서 보고서는 승진과 출세를 결정짓는 바로미터다. 공무원의 능력은 본인의 자질이나 성실함과는 무관하게 보고서 하나로 결정된다고 해도 과언이 아니다. 지위 고하를 막론하고 공무원이면 누구나 하루 종일 컴퓨터 앞에 앉은 채 '윗선'을 만족시킬 보고서에 매달리는 게 현실이다. 하루가 멀다 하고 쏟아지는 정부의 각종 대책과 매뉴얼 같은 게 이런 유의 보고서다……. 다시 보고서 전쟁이다. 관료들은 오직 자기 밥그릇 생각뿐이다."

눈물과 피로 글을 쓴다

"몽둥이와 쇠파이프가 어디서 날아오는지도 모르는 시위 현장에서 근무하는 내 목숨은 내 것이 아니다. 잠시도 못 쉬고 며칠 밤낮을 밀고 당기고 했는데, 사무실에서 내근하는 직원들은 냉방이 빵빵하게 된 곳에서 휘파람을 불면서 꿀 빨고 있다. 그들은 보고서를 쓴다고 고민을 좀 하겠지만, 우리처럼 땀으로 인생 보고서를 쓰지는 않겠지?"

"회의한다고 하루에도 몇 번이고 불러 대고, 아침부터 저녁까지 무슨 놈의 지시는 얼마나 많은지, 업무 수첩에 받아 쓴 것이 한 장을 넘어서니 어떻게 다 추진하고 결과를 보고하겠나? 회의는커녕 부장은 과장을, 과장은 팀장을 못 잡아먹어서 달달 볶고 있다. 머리 자르고 배 따고 들볶는다. 회

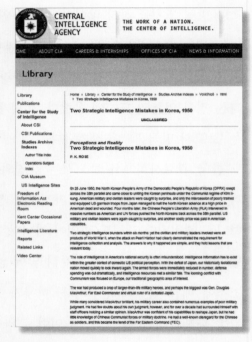

의가 아니라 요리하는 것이다. 마지막 하는 말이 일하기 싫으면 그만 두어라, 당신 아니라도 일할 사람이 줄 서 있다고 한다……. 차라리 현장 직원이 마음 편하다. 시키는 대로 하다가 시간만 되면 집에 가서 쉬겠지. 육체는 고단해도 마음은 편하다. 현장 근무는 내근처럼 눈물로 인생 보고서를 쓰지는 않겠지?"

같은 조직 안의 현장 직원과 내근 직원의 인식차이다. '건너편 잔

디가 더 푸르다(The grass in greener over there).'는 노래 가사처럼 상대방이 나보다 편하다고 생각한다. 동서고금을 막론하고 이런 생각을 해왔다. 중국 속담에서도 "저 산은 이 산보다 더 높다(那山高這山低)."고 하고, 우리나라에선 "남의 앞의 콩이 더 커 보인다."고 한다.

우리나라 조직체는 대부분 계급제, 보직제 및 직무분류제가 혼합된 관료조직이다. 한마디로 표현하면 '계급이 깡패다.' 아무리 창의적이고 합리적인 아이디어도 윗사람 앞에서는 쓸모없는 것이다. "관료제는 젊은이들의 창의와 아이디어를 끌어다가 무조건 땅에다가 묻어버리는 장의사와 같다." 아무리 노벨상을 수상한 창의적인 아이디어라도 상사(관)의 '쓸데없는 소리'란 말 한마디면 그렇게 되는 것이다. 따라서 보고서도 그들의 마음에 들도록 몇 번이고 고치고 보완해야 한다. 이렇게 하는 동안 지연되거나 위법적인 상황이 발생될 때는 보고서 작성자가 모든 책임을 떠맡는다.

이런 것을 한 마디로 '우리들의 일하는 방식이다.'라고 할 수 있다. 이를 보다 자세히 언급하면:

ㅇ 근무 시간의 65%는 회의, 보고 등 서류 작업으로 현장 점검을 할 시간이 없다.[32]

ㅇ 회의를 하는 것은 공동으로 책임지자는 것이다. 윗사람은 너희들이 듣고 추진하지 않았기 때문이라고 하고, 아랫사람은 모든 책임을 뒤집어쓰고도 입을 떼지 않는다. 입이 열 개라도 말을 할 수 없다.

○ 윗사람이 퇴근하기 전에 버르장머리 없이 먼저 갈 수 없어서 대기성 초과 근무를 하루 평균 3시간씩 한다. 심야 술자리도 근무의 연장이라고 인사고과에 반영하겠다고 한다.

○ 대통령께서 "우문현답: 우리의 문제는 현장에 답이 있다."고 했지만 20%가량의 직원은 아예 현장을 방문할 시간이 없다. 현장 점검 직원의 40%가량은 월 3회 이내로 현장을 방문한다.

○ 업무 처리의 70%는 서류 작성이다. 주 1회 서면 보고 혹은 회의 자료, 매월 3~4회 구두 보고 및 출장 결과 보고를 한다.

○ 감사 주기가 2~3년이기에 직원이 교체된 뒤, 그 직원이 남긴 서류를 보고 감사를 한다. 서류를 남기지 않으면 감사를 할 것이 없고, 징계와 같은 처벌도 당하지 않으며, 승진에도 불이익은 당하지 않는다.

○ 회의에 아이디어를 제안하면 일을 맡아야 한다. 문제점을 제시하면 말하는 직원이 문제 직원이 된다.

○ 승진은 버티는 직원이 승리한다. 일하기보다 일하는 척하는 사람이 더 좋은 평가를 받는다. 창의적인 무능이 필요한 때다.

○ 성과평가의 최대항목은 버르장머리이고 인사성이다. 인사는 100% 요구다. 눈도장은 가장 확실한 보험이다.

2. 보고받는 사람을 초점으로

보고서(문서) 작성은 어려워요

"신년도 업무보고서야 작성하는데 한 달 이상 걸리지만, 무슨 놈의 보고서 딸랑 한 장 작성하는 데 3일이나 걸렸어요. A4 용지 한 박스 남짓 이면지를 만들었고요. 팀장 5번, 과장 4번, 부장 3번이나 보완하고 고쳤는데, 세 번이나 처음부터 다시 쓰라며 되돌아왔어요. 정답도 없어 이렇게 수정보완을 했는데 최종 보고받는 사람이 얼마나 만족할까요? 참으로 의문입니다."

이런 불편은 사무직원으로서 보고서를 써본 사람은 누구나 다 느껴 봤을 것이다. 보고하는 사람의 취향대로 할 것 같으면 정답이 있겠지만 보고받는 사람의 지식수준, 기분 상태, 인간관계, 성격 등에 따라 각양각색을 띠기 때문이다. 보고서 작성에 많은 애로사항을 겪었던 선배들의 사연을 모아서 살펴보면:

○ 외교통상부문처럼 표준 문안(standard sentence)이 정해지지 않아서 매번 힘이 든다.

○ 선배와 상사로부터 비결을 전수 받았으나 '엿장수 가위 치기'처

럼 보고받는 사람의 심기가 바뀌기 때문에 정답이 없다.

○ "알아먹지를 못하겠어요. 무슨 소린지요?"/ "칼 막스의 자본론처럼 어려워서 이해가 안 돼!" 혹은 "미니스커트(miniskirt) 입은 아가씨처럼 좀 더 세련되게 써봐."

○ "이해가 안 돼, 뭐가 문제인지, 무엇이 왜 문제인지 모르겠다." 혹은 "요점이 왜 없어."[33]

○ 불과 3초도 안 돼(제목만 읽고서) "요점이 뭐지?" 혹은 "한 마디로 말해!"

○ "이 보고서, 여러 장이라도 핵심도 없어. 한 장짜리 보고서(one-page report)를 만들어 봐. 보고서는 양으로 승부를 내는 게 아니라 핵심으로 승부를 낸다고."

○ "직원은 몇 번이고 되돌려 보내야 길들지. 하드 트레이닝을 시키지 않고서는 기어올라요. 망치가 가벼우면 못이 솟아난다고요."

○ "된장인지 똥인지도 몰라요. 세로형 보고서와 가로형 보고서도 몰라요. 반대 논리도 대응 논리도 없어요. 배경과 현실 그리고 현상과 문제점도 구분을 못 해요."

○ "최근 청와대 문건 사건 발생 후, 보고서 작성 때에 사실 확인(fact check)과 위법성 매트릭스(illegality matrix)를 강화해야 합니다."

○ "오늘 저녁은 나와 같이 술을 한 잔을 했으니 일찍 집에 들어가고, 내일 아침에 보고할 수 있도록 ○○에 대해서 보고서를 작성하

여 내 책상에 갖다 놓으세요. 보고서 작성이 다 되었다면 연락하세요."라고 지시를 하고 밤 10시경에 과장은 퇴근한다.

"이 보고서는 바로 길이 그자체로 읽어야 하는 위험부담을 막아준다."[34] "제발 보고서 서두에 한 장짜리 요약서(결론 및 추천)만 붙이는 것으로 충분하다네. 그렇게 하면 읽어볼 엄두를 낼 수 있지."[35] "intense(강렬한)를 쓰지 않고 intensive(집중적인)를 쓴 건 왜인가? 단어의 적절한 용법을 공부해보라."

윈스턴 처칠(Winston Churchill)이 평소에 지적했던 말이고 마지막은 군정보 책임자에게 지시했던 말이다. 그는 이런 보고서를 작성하기 위해서는 독서를 하라고 권유했다. 그는 에드워드 기번의 '로마제국 쇠망사'를 여러 번, 늘 옆에 두고 읽었다. 그의 연설문과

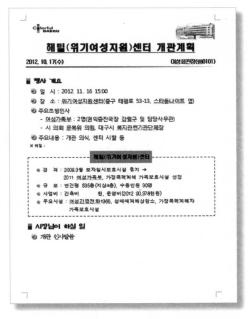

정책은 그 책에서 아이디어를 찾은 것이 많았다. 그는 독일 공격이 끝나면 피습 현장에서 국민들과 고통을 같이하면서 승리로 이끌었다. 노벨상 재단에서는 이 점을 높이 평가하여 그에게 노벨 평화상이 아닌 노벨 문학상을 시상하였다. 이를 두고 미국의 헤밍웨이(A.

Hemingway)는 비난을 했다. 그래서 그런지 다음해에 수상하는 영광을 안았다.

보고서는 조직 내 소통 수단의 일환이다. 보고서 작성 능력은 가장 두드러지게 비교되는 업무 능력이다. 상사는 보고서를 유능하게 작성할 수 있게 하려고 하드 트레이닝을 시킨다. 상사가 필요로 하는 정보를 제공하는 것이 가장 좋은 보험을 드는 방법이고 자신의 능력을 보여주는 길이다.

그러나 문서를 작성하는 일은 어렵다. 직장인의 72.1%가 보고서 등의 문서 작업(paperwork)에 어려움을 겪고 있다고 한다. 59.2%가 보고서를 재작성하라고 되돌려 받는다고 한다. 문서 작업이 어려운 이유로는 23.5%가 참고할 수 있는 표준 문안(standard sentence)이나 급할 때에 몇 자 고쳐서 활용할 있는 템플릿(template)이 없다는 점을 꼽았다. 20.3%가 설득논리와 반대논리에 대응하는 설득력 있는 문장작성이 어렵다고 했으며, 16.1%는 도표, 디자인 등 문서의 시각적 표현, 14.6%는 타당성 있는 논리 전개가 어려운 부분이라고 했다. 그럼에도 20.2%만이 문서 작성 교육을 받았다.[36)]

보고의 유리벽 동상이몽(同床異夢)

"왜 나한테 이런 보고를 합니까? 왜 그런대요? 왜 내게 이런 말을 합니까?" (눈빛은 스타워즈에 나오는 레이저 광선총처럼 총알이 마구 발사된다.)

"그래서……. 그래서, 어째든 그래서, 이것밖에 못 했다고요? 팀장 오라고 해요. 팀장은 뭘 했어요. 이게 뭡니까?" (직원, 팀장 및 과장을 줄줄이 세워놓고 창피를 준다.)

"예, 영의정께서 하신 말씀이 맞습니다. 그런데 전 이렇게 생각합니다."

"아닙니다. 지금 대신께서 하신 말은 틀렸습니다. 왜냐하면 대책이라고는 대신의 이익을 위한 것이고, 진정으로 백성을 위한 꼴이 안보이기 때문입니다."

첫째 대화는 박근혜 대통령이 당선자 신분으로 인수위원회에서 참석해서 결과 보고를 했던 한 분의 이야기다. 둘째 대화는 일반적인 공직기관에 흔히 당하는 사례이다. 셋째는 소통을 중시하던 세종대왕 특유의 '예, 그런데요(Yes-But)' 화법이다. 마지막은 요란스럽게 개혁을 한다고 추진했다가 '문체반정(文體反正)'을 했다는 비아냥거림을 받았던 정조의 화법(No-Why)이다.

최종적으로 보고를 받는 사람의 생각은 이렇게 다르다. 정보를 제공하고 사건이나 위기 상황을 사전에 대비하기 위해 의사타진을 하고자 보고를 했지만 결과는 책임을 회피하거나, 뒷조사하여 창피를 주고자 한다는 반감을 살 때도 있다. 최종 보고받는 사람(결재자)은 단순한 보고서 쪽지 하나도 그냥 잊지 않는다. 결재자는 이런 것을 알고 싶다.:

○ 보고하는 목적과 배경의 저변에 깔려있는 보고하는 사람의 저의(속셈)를

○ 단순한 주장보다 설득 논리, 반대 논리 그리고 대응 논리를

○ 예상하지 못했던 사건 발생을 대비한 위기관리, 우발 사건 대비의 우발 기획을

○ 다른 기관에서는 어떻게 하고, 지난 기관장은 어떻게 대비했는지를

○ 예상되는 문제, 사건 등에 대한 답변과 대안을

○ 간단명료하면서도 손에 잡히는 '전가의 보도'같은 첩보를 원한다.

"직원들이 모두 책임을 회피하고자 안 움직인다고 하는데, '부당한 것을 지시하면 공무원들은 해야 하고, 불법적인 것을 지시하면 하지 않아야 한다고 배웠다.' 나는 결재를 받으러 오는 직원 중에 책임을 따지는 직원보다 '한칼을 먹더라도 해보겠습니다.'하는 직원을 더 보호한다."

1993년도 지방의회를 실시하였고 1995년에 기초지방자치단체장을 선출하였다. 지역 무명 변호사가 민선자치단체장에 선출되어 취임 일성으로 한 말이다. 너무 솔직하게 속마음을 표현했다. 보고를 받는 사람이 이런 것을 얻지 못하면 보

논리적 행동패턴	상사(상관)의 선호순위	부하직원의 선호순위
논리시대의 행동패턴 선호		
똑똑하고 부지런함	1	4
멍청하고 부지런함	2	3
똑똑하고 게으름	3	2
멍청하고 게으름	4	1

고자에게 묻는다. 몇 번이고 지시를 해도 얻을 수 없으면 자기 자리를 지키고자 '보고서로 부하 직원 길들이기 작전'을 시작한다. 방법론으로는 추졸한 것이 많다. 일반적인 사례를 소개하면:

○ 아무런 말을 하지 않고 몇 번이고 받고 싶은 정보를 보고하도록 되돌려 보낸다.

○ 얼굴 깎기는 말을 할 수 없으니 알아서 만들어오도록 되돌려 보낸다.

○ 하급 직원은 '된장인지 똥인지 모르니' 관리자도 같이 불러서 눈치를 준다.

○ 이제 눈치작전은 먹혀들지 않으니 '들볶기 작전'에 돌입한다.

– 생각나는 대로 무조건 다 이야기해준다.

– 나중에 '내가 뭐라고 했나?' 하며 빌미를 잡는다.

– 직원과 관리자를 잡고 하소연 가까운 넋두리를 한다.

– 회의 때마다, 눈에 띄면 사사건건 잔소리를 한다.

○ "꽈배기 공장장처럼 반대 논리로 곤욕을 치른다." 나중에 의외의 사건이 발생할 때를 대비해 면책의 빌미를 심어놓는다.

○ 유능한 독수리는 남의 새끼는 키우지 않는다. 적어도 마전주구(馬前走狗)를 키운다.

○ "한 칼을 먹더라도 하겠습니다."는 토사구팽(兎死狗烹)을 하도록 만든다.

– 평소에 상사에게 보험을 드는 가장 좋은 방법은 보고다.

– 조직에 정보 제공은 기선제압, 호시탐탐, 치명적인 타격이 된다.

보고서가 전달하는 것

"솔직히 말씀드려도 되나요? 조직 발전을 위해서 문제점을 말하는 사람을 문제시하는 경향이 우리 조직에 있는 것을 잘 압니다. '문제는 무슨 문제? 네가 바로 문제다.'라는 시각으로 보시지 않기를 바랍니다. 서무 담당자로 일일 업무보고서를 작성하여 결재받는 데 하루가 다 갑니다. 이것을 폐지해주셨으면 좋겠습니다. 생산성 있는 업무를 할 수 있을 것입니다."

1991년 기관장과의 대화에서 하급 직원으로서 과감하게 제안을 드렸다. 당시 우리나라는 '보고서 망국론'에 사로잡혀 있었다. 부서장은 매일 같은 일을 하느냐고 꾸중하고, 담당자에겐 새로운 일이 없는데, 몇 번이고 되돌려 주니, 서무 담당자는 미칠 지경이다. 그래서 '맞아 죽을 각오를 하고' 일일 업무보고서를 폐지하자고 건의했다.

"예, 서무담당자로 애로사항을 말씀하셨지요? 그러나 기관장의 입장에서는 단순히 업무보고서의 내용만을 읽지 않습니다. 어떤 의미에서 행간을 읽습니다(read between lines). 여기서 말씀을 드리면:

  ○ 보고 목적이 정보 제공인지, 책임을 면하고자 하는지를,

  ○ 보고 과정에서 담당자, 보조 결재자가 어떻게 움직였는지를, 여과된 알짜 정보를, 그리고 결재자에게 물을 먹이고자 하는 못된 생

각도 짐작합니다.

○ 보고 내용에서 '질의조복(質疑照覆)'같은 용어는 사무관이 손 댄 것 등,

○ 보고 결과 조치에서 부서장의 의견, 조치 사항 등에서 이기심 을 봅니다.

○ 마지막으로 지난번 유사한 보고에 대해 취한 후속 조치, 마무 리 및 결과 보고 등을 읽어냅니다. 일일 업무보고서엔 해당 부서의 동태가 훤히 보입니다."

"내 입장에선 답을 갖고 있거나 아니더라도 대안을 갖고 있어야 하 는데……. 먹장구름이 몰려오는데 피할 곳 없구나."

영화『베를린』에서 재독북한대사 동명수에게 외화벌이로 모아놓은 비밀계좌를 낚아챘다는 누명을 뒤집어씌웠다. 속수무책이라는 상황 을 공작원 표종성에게 말한다. 그렇지만 그 사람 역시 수족이 다 묶 인 상태다. 그는 암살의 마수로부터 벗어나지 못했다. 끝내 독약 주 사로 냉동된 시체가 돼 북한으로 압송되었다.

그는 어떻게 그런 상황을 읽었던 것일까? 우리는 흔히 '보고서 뒷 면을 읽다(black reading).' 혹은 '보고서의 여백을 읽는다(read white space).'고 한다. 궁금해하는 직장초년생을 위해서 자세히 언 급하면:

○ 보고서 내용을 과거−현재를 파악한 것에 '미래' 시점으로 연장 선을 그어본다면

- 발생된 사건, 닥칠 수 있는 위기 상황, 예상되는 문책과 법적 소송 등

○ 과거의 유사 사건에 발생되었던 보고, 행동, 소란 상황 및 대처

○ 타부서 및 타기관의 유사한 사건에 대한 발생에서 조치까지

○ 태풍 전 고요함과 태풍의 후속 조치 사항(위기 속의 기회 포착) 등

○ 보고하는 사람의 신체 언어(body language)를 읽는다.

- 말(주장, 의견제시)하는 기세에서 자신감을 확인하고, 믿음이 없으면 "성공할 수 있어?" 등 질문을 한다.

- 보고하는 중 신체를 허우적거리거나 앉은 자세에서 다리를 떨고 있는 등 불안한 증세를 보이면 자신감 결핍과 의지가 없음을 간파한다.

- 대화 도중에 손으로 코, 얼굴, 턱 등을 만지고 있으면 무엇인가 속이고 있음을 알고 관리자를 불러서 재확인한다.

- 복장, 매너, 얼굴 등으로 시급함과 누군가에게 협박당하고 있는지, 평소 행태와 비교하여 심리적 불안 상태를 간파한다. 현장 점검 지시, 타 부서 점검 등을 조치한다.

과거 일제 강점기 형사들이 범인을 심문할 때에 사용했던 '오청술(五聽術)'은 목소리의 기운을 듣기(氣聽), 얼굴의 변화를 읽기(顔聽), 대화를 듣는 태도로 마음 읽기(耳聽), 시선 처리(目聽) 및 말하는 모양새(辭聽)로 거짓말을 간파하는 기법인데, 이를 간략하게 소

개하면:

○ 자신감 표현: 몸을 앞으로 당기며 귀를 세워서 경청, 미소를 짓고 손을 벌려서 환영, 손바닥을 펴 보이면서 웃음을 지음, 팔을 벌려서 포용하는 모습.

○ 거부감 표현: 팔짱을 낌, 자세를 뒤로 제껴 앉음, 다리를 꼬면서 발을 밖으로 향함, 옷깃을 잠그고 주먹을 쥠, 고개를 좌우로 흔듦.

○ 감춤의 표현: 시선을 피하고 딴청을 피움, 대답에 힘이 없음, 코 혹은 귀 등을 자신도 모르고 만지고 있음.[37]

○ 불안감 표현: 다리를 떨고 있음, 입으로 손톱을 물어뜯음, 눈을 깜박거림, 손으로 볼펜을 돌림, 성냥개비를 부러뜨림 등

보고는 조직 내부의 의사소통의 일환이다. 따라서 의사소통의 범주를 벗어나지 못한다. 일반적으로 의사소통은 대화하는 말(언어, 문자 언어)이 7%, 음성(톤)에 38%, 표정 및 몸짓으로 전달되는 것이 55%라고 한다. 말하는 사람은 7%에 불과한 것을 보고서에 담고자 그렇게 업무 부담을 안고 있다. 보고를 받는 사람은 나머지 93%를 판단하기 위해서 보고하는 사람을 본다. 의사결정자는 한 마디로 보고서를 보고 의사결정을 하지 않고 보고하는 사람의 얼굴을 보고 결정한다.[38]

"보수성이 강한 모 광역시의 행정은 안면 행정이다. 지면이 없는 처음 본 직원에겐 결재를 해주지 않는다. 반드시 지인으로부터 전화를 받거나, 지면이 있는 관리자가 가서 얼굴을 내밀어야 얼굴보고 결

재를 한다.”

중앙부처와 모 광역시의 국장을 역임하신 지인의 말이다. 보수성이 강한 기관단체는 지면보고서나 전자문서로 보고하는 것을 어르신을 모시는 데 불공손함 혹은 버르장머리 없는 못된 짓으로 인식하고 있다. “부모님 계시거든 나가기 전에 반드시 면전에 아뢰고, 돌아와서 얼굴을 보이면서 결과를 보고해라(出必告反必面).”는

서면보고나 전자보고에서는 대면보고처럼 보여줌으로써 신뢰를 얻을 수가 없다. 질문과 신체 언어로 간파할 수 있는 의지와 시급성을 모르기 때문에 상황 전달의 왜곡, 논리의 괴리, 골든 타임(golden time) 실기는 당연히 따른다. 보고서로 상황이나 정보를 이해는 할 수 있으나 확신을 얻지는 못한다. 두 눈으로 확인하지 않고서는 확신이 서지 않는다. 그래서 보여줘야 한다. 한발 더 나아가 감탄(감동)시키려면 함께 참여시켜야 한다. 유능한 직원은 의사 결정자에게 대면보고를 한 후에 현장 확인 혹은 각종 행사에 함께 참석시킨다.

한눈에 들어온다는 건

“한눈에 들어오지 않고, 무슨 내용인지 모르겠다.”

보고를 받는 사람들이 가장 많이 불평하는 말이다. 한눈에 들어오지 않는다는 건 인체공학(ergonomics)과 인지심리학(cognitive psychology)의 문제다. 문장을 고치고 글자의 폰트를 고쳐서 해결

되지 않는다. 한 마디로 레이아웃(layout)을 달리하면 단박에 해결된다. 사람의 시야(시각, 주시점, 눈동자의 움직임 등으로) 안에 배치하면 해결된다. 사람도 동물이기에 시야 안에 똑똑하게 들어와야 안심하고 정확하게 인지하며 동시에 인정하게 된다. "한눈에 들어오지 않는다."는 말은 불안의 표시다. 따라서 시각범위(시야)에 배치해야 한다.

일반적인 인지심리학(cognitive psychology)의하면 사람들은 i) 시야는 동공의 중심선에 30도 범위 내를 인지할 수 있으나 그 밖을 벗어나면 정확하게 인지하지 못하여 불안감을 느낀다. ii) 어떤 사항을 인지하는데 시점(viewpoint)에서 15도로 동공을 움직이게 된다. iii) 또한 주시도 혹은 관심도는 문장보다 시각적인 자료 밑에 설명하는 캡션(caption)에 문장보다 2배나 관심이 높다. iv) 사람도 원시시대에 오랫동안 동굴생활을 했기에 어둠속에서 빛을 가장 희망적으로 인지한다. v) 고개를 돌리는 방향이 왼쪽에서 오른쪽으로 움직인다. 신문을 읽는 동작을 살펴보면 쉽게 이해를 할 수 있다.

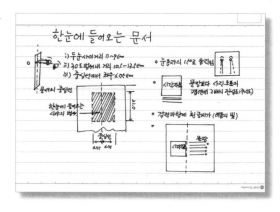

따라서 한눈에 들어오는 문서를 만든다는 것은 이와 같은 인지심리

학적 이치를 응용하여 배치를 하면 끝나는 것이다. i) 제목을 검정바탕에 흰색 글씨로 하면 관심도를 가장 높인다. ii) 보고서의 중심을 선으로 그어서 30cm 정도 떨어져서 읽는다고 가정해서 시각 30도 이내에 배치해야 한다. 중심선에서 13.5cm (좌↔우 6.75cm 정도) × 21.0cm(상↓ 70%범위) 범위에서 배치가 가장 바람직하다. 시야를 벗어나면 여백으로 만들어야 안정감을 준다. iii) 눈동자의 시각은 시점에서 15도 각도로 움직이기에 적게 움직여 읽을 수 있게 배치해야 한다. iv) 시각의 움직임은 왼쪽에서 오른쪽으로 이동한다. 따라서 왼쪽에 관심을 끌 수 있는 시각적 자료(사진, 도표 등)를 배치하고, 문장은 오른쪽으로 배치함이 보다 효과적이다. v) 시각적 자료에 설명문(caption)은 본문의 문장보다도 2배 이상 관심도를 갖기에 보고받는 사람이 찾는 보물을 그곳에 감춘다면 감탄할 것이다. vi) A4 용지 (210mm × 297mm)의 전 면적에 70% 정도로 바람직하다.

3. 보고 업무의 흐름(Flow of Report Affairs)

하늘을 나는 '독수리 눈에 보인 세상(eagle's-eye view)'

"동네 뒷산에 오르면 온 동네가 한눈에 들어오고 태산에 오르면 천하가 작아 보이면서 눈 안에 들어온다. 사람도 경험이 많고 책을 많이 읽으면 세상사가 눈앞에 보인다."

"분명히 적군이 동쪽으로 이동하는데 공명 선생님께서 왜 서쪽으로 공격해 올 것이니 방비하라고 하는지 알 수 없는 일입니다. 조나라가 포위된 상태라 지원군을 보내서 도와줘야 하는데도 왜 위나라에 쳐들어가서 포위를 하는 것입니까?"

첫째는 마오쩌둥이 평소에 하는 말이다. 나무를 보는 것처럼 숲이 보이지 않으니 호랑이가 어디에 숨었는지 모른다. 하늘에서 독수리가 세상을 내려다보는 것처럼 전체를 조감한다면 뒤에 숨겨져 있는 것도 눈앞에 보인다는 것이다. 둘째는 제갈공명의 성동격서(聲東擊西)를 알아내는 비술(秘術)을 물었더니 "비술은 무슨 놈의 비술, 입장 바꿔 생각해봐(易地思之)."라고 호통을 쳤다.

"구청장님, 어떻게 해서 그렇게 많이 아시고, 말씀 한마디가 유식하신데 비결이 있습니까?"

"걱정 마라. 너는 이 자리에 있으면 더 많이 알고 더 유식할 것이다. 자리가 다 말해준다. 보고서를 만들어 주지, 축사며 인사말까지 직원들이 다 작성하여 주니 읽기만 하면 되는데 뭐가 유식하다는 말이냐? 너 역시 그 자리에 앉으면 안 보이던 것이 보인다. 다, 자리가 말한다."

평소 기안이나 보고서를 작성할 때는 몇 번이고 점검을 해도 오·탈자가 보이지 않았는데, 결재를 받으려 부서장이나 기관장 앞에 내밀면 한눈에 지적을 당한다. '자리가 말하는구나!'를 늘 느꼈다. 마음의 여유, 보는 시각, 처한 입장 등에 의하여 시각이 좁아진 것이다. 좁고 긴 터널을 운전하는 것처럼 앞만 보이는 '터널 시야(tunnel sight)'를 가졌기 때문이다. 독서를 통한 간접 경험이나 유사 경험 등을 많이 쌓아야 터널 시야가 허물어진다. 감사관으로 혹은 부장 판사로 감사를 하고 재판을 했던 사람도 업무 담당자로 혹은 변호사로 입장이 바뀌면 그렇게 현명하게 판단을 못 하게 된다.

보고서 한 장을 작성해도 보고받는 사람의 입장을 생각해서 작성한다면 결과는 엄청나게 차이가 날 것이다. 보고 업무 처리에서 단면만 보거나 터널시야를 가지는 일이 없도록 전체 흐름을 소개하고자 한다. 보고서 작성 업무의 전체 흐름을 보고 구상(design), 정보 수합(information collecting), 정보 처리(information processing), 초안 작성 및 수정 보완(draft & correction), 보고하기

(reporting), 그리고 조치 및 마무리(measuring & Finishing) 등 6단계로 나눠서 간략하게 살펴보면 보고 처리 흐름도(report processing flow chart)와 같다.

보고 구상(report design), 정보 수합과 법률 검토(legal check)

"인도에서 금은보석을 얻은 사람은 머릿속에 이미 그런 보석이 있기 때문에 얻는다. 그러나 머릿속에 그런 것이 없는 사람은 결코 금은보석을 얻지 못한다. 고생만 뼈가 빠지도록 하고 결국은 죽음을 당하고 만다."

대영제국의 동인도회사에서 근무하던 한 직원의 말이다. 먼저 구상을 하고 위험에 대해서 예측과 철두철미하게 대비해야 비로소 생각했던 것을 얻을 수 있다는 것이다. 2006년 우리나라 공무원 교육의 화두는 "너의 삶을 디자인하라(Design your life)!"였다. 인생관, 가치관, 직업관 및 직장 윤리와 친절·봉사를 철학으로 가르쳤다. 한

보고서 작성의 개관적 과정

구 분	세부추진사항	비 고
보고구상	○ 지시노트(order note) 및 메시지 메모(Message memo) ○ 구성노트(plot not) : 한 문장 요지(one sentence gist)	초동보고
정보수합	○ 휴민트(humint) : 관계자, 담당자, 전문가, 고문변호사, 타기관담당자 ○ 테킨트(techint) :영상정보, 신호정보, 흔적 및 계측정보 ○ 오신트(osint) : 신문, 언론, 전문지, 논문, 전임자의 보고서 ※ 팩트 체크 : 크로스체크, 인터뷰, 데이터 검증, 현장 확인	중간보고
정보처리	○ 처리 : 데이터 마이닝 , 리스링, 인포그래팩 등 ○ 첨부화 : 의지(의견+주장), 부가가치, 아이디어 등 ※ 리갈 체크 : 적법절차, 위법성 및 부당성 등	중간보고
초안 작성 및 수정 보완	○ 워드프로세서, 엑셀 및 파워포인트 종합 활용하여 문서작성 ○ 배치(layout), 대조화, 구체화 작업(시각화) 등 ○ 중간(보조)기관의 의견수렴, 의견 보완	중간보고
보고하기	○ 보고방법 : 부재서면보고, 전자보고, 대면보고, 보고회, 기자회견 등 ○ 보고시기 : 골든타임 선정 및 준비물 완비(질의문답, 필기도구)	정식보고
조치 및 마무리	○ 후속조치 : 현장확인 추진(사후협의), 비상기획(우발계획), 해정 ○ 결과보고 : 조치결과보고 및 종료보고 ○ 마무리 작업 : 평가, 홍보 및 논공행상, 뒤풀이(해단식) 등	결과보고

편으로 자기의 역량 강화를 통해서 자기 개발(경로 개발, 경력 활용 등)을 교육하였다. 그때에 일하는 방식에서 보고서 작성법을 교육하였다. 청와대에서도 보고서를 통한 생산성 향상을 위해서 TFT를 구성하여 연구한 결과 '청와대 보고서'라는 결과물을 잉태하였다.

보고 구상은 일반적으로 한 문장의 개념(one-sentence conception)이면 충분하다. 육하원칙으로 보고하고자 하는 목적, 내용 및 방법이 담긴 구성 노트(plot note)를 기록하면 작업하는데 편리하다. 조직 내에서 대부분의 보고는 지시에 의해서 시작된다. 지시 노트(order note)에 의해서 보고서 작성 미션이 시작된다. 직장생활을 하면서 상관(기관장, 부서장)의 지시를 잘 받는 것은 참으로 중요하다. 작업을 하는데 헛고생을 줄이고, 정확한 목표와 방향에 적중할 수 있다.

"구청장의 지시가 떨어졌는데 상쇄 계획을 수립하여 내일 아침 출근 전에 책상 위에 올려야 한다. 기획감사실 직원 모두는 철야 작업을 해야 한다. 제1안은, …… 제4안은 이렇게 작성해라. 새벽 4시까지 다 작성하고 집에 들어갔다가 세수하고 옷이나 갈아입고 다시 나오너라."

1991년 3월에 새벽 6시까지 전달된 지시에 따라 제1~4안까지 계획을 수립하여 출근하시는 구청장께 야간작업을 한 것을 내밀었다. 얼굴을 쳐다보시더니.

"이것 뭔데? 내가 기획실장에게 지시한 것은 이것이 아니라 후적지 개발방안에 대한 아이템(신문에 낼 짧은 기사문)을 작성하라는 거였는데……. 직원들 다 잡았구나."

결재판을 집어 던지면서 실장을 호출했고, 그 자리에서 간부회의를 하시더니 지시를 어떻게 전달해서 직원들이 일을 못 하도록 하느냐, 간부직원이 지시를 제대로 전달도 못하느냐 꾸중을 했다는 후문이다. 회의를 마치고 자리에 앉으신 실장은 보고자를 색출해서 스트레스 해소 겸 '복날 개 잡듯이 잡았다.'

지시를 잘 받는 방법은 i) 반드시 받아 적어라. '받아 적는 사람이 살아남는다고 적자생존'이라는 용어가 있다. 요사이는 녹음기를 활용한다. ii) 의심나거나 문제점이 있으면 물어서 방향을 잡아야 한다. iii) 언제까지 해야 할까요? 업무 기한과 보고 시점을 물어라. iv) 받아 적은 요지를 낭독하면서 확인을 받는다. v) 전체적으로 무엇을 언제까지 그리고 중간보고는 언제 하겠다고 복창을 한다. 이렇게 지시를 받은 것을 정리하여 지시 노트(order note)를 정리하여 관련 직원과 상관에게 공람을 시켜서 서명을 받아놓는 것이 좋다. 나중에 모른다고 모든 책임을 뒤집어쓰는 경우도 생긴다.

정보 수합에는 먼저 정보 수합에 대한 법률 검토(legal check)를 해보는 것이 좋다. 일반적으로 CIA와 같은 국가정보기관에서는 수합된 정보를 처리하는 과정에 검토하지만, 기업이나 일반 기관단체에서는 정보 수합 전에 전반적인 법률 검토를 하는 것이 좋다. 간략하게 말하면 정보 수합 방법, 정보 내용 및 수합 정보의 활용 등에 대해서 위법성이 없는지를 검토하는 것이다. 보다 자세한 검토를 위하여 해당 법령의 조항 등을 뽑아서 담당자는 물론 고문변호사 등의 자문을 받을 필요도 있다. 적어도 업무 담당자가 법률 매트릭스(legal matrix)를 작성하여 점검하는 노력이 필요하다. 이런 노력으로 최악의 경우엔 고의성 혹은 중대한 과실에서 벗어날 수 있다.

정보수합에 따른 법률 체크(Legal Check)

구 분	검토해야 할 사항	비고
정보수합의 방법	○ 불법방법 : 도청(감청), 해킹, 파싱, 악성프로그램 활용, 내부고발자, CCTV 불법기계장치 활용, 강제 인터뷰, 비자의적 대화, 절도 ○ 관련법령 : 형법, 통신법, 국가보안법, 국정원법, 변호사법, 공무원법 등	
수합정보의 내용	○ 불법내용 : 개인사생활의 프라이버시, 개인정보(신용, 질병) 침해, 초상권 및 인격권 침해, 복사 및 전재(저작권), 특허권 침해 등 ○ 관련법령 : 형법, 민법, 개인정보보호법, 신용정보보호법 등	
수합정보의 활용	○ 불법활용 : 법규상 금지사항, 공익을 해치는 사업, 국가보안 침해, 인권침해, 사회에 반하는, 불법청탁, 범죄행위 등 ○ 관련법령 : 형법, 개인정보보호법, 국가보안법, 통신법, 재난안전관리법 등	

우리나라 민사소송법이나 형사소송법이 택하고 있는 증거(evidence)는 i) 원고와 피고, ii) 현장 목격자 등 증인, iii) 범행 현장에서 발견된 흉기 등의 증거물, iv) 서증(문서, 준문서), 그리고 v) 감정(DNA, 필적, 의사 감정 등)이 있다. 보고서는 서증의 문서에 속한다. 문서는 공증 문서>처분 문서>내부 문서의 순으로 진정성을 인정하고 있다. 사진(영상), 녹음(인터뷰 녹취록) 및 전자 문서(USB, 하드디스크 등)는 준문서로 진정성을 낮게 보고 있다. 이런 증거물은 진정성에 따라서 판결에 중요한 사실을 입증하는데 채택된다. 증거

채택에 일정한 관습적인 법칙이 있는데 이를 채증법칙(採證法則)이라고 한다.

최근 일반인의 녹음과 수사기관의 채증(증거 채집) 등에 많은 법적 문제가 발생하고 있다. 자신과의 대화(통화)를 수첩 등에 기록하는 것은 언론의 자유와 표현의 자유에 해당한다. 필기도구 대신에 녹음(녹화) 기기를 사용하는 것도 자유 혹은 권리로 인정하고 있다. 그러나 자신과 관련이 없는 경우는 도청(감청)으로 위법 행위가 된다. 피싱, 해킹, 악성 바이러스(스파이) 메일 등으로 도청(감청)하는 것은 통신비밀보호법 및 정보통신기반보호법에 위배되어 법적 처벌 대상이 된다.

지난 2011년, 국가정보원(NIS) 산하 5163부대가 정보통신 관련 법률로 금지하고 있는 국민의 도감청을 할 수 없어 나나테크(NANA TECH)를 대리인으로 하여 이탈리아 해킹 전문 회사의 해킹 전문 프로그램(RCS, TNI)을 구입했다는 보도가 있었다. 삼성 스마트폰 안드로이드 OS(운영체제), PC, SNS 등을 손바닥처럼 들여다볼 수 있다며 국민을 불안하게 하고 있다.[39]

같은 문서라도 형식적 진정성과 내용상 진정성을 따져본다. 같은 보고서라도 소정의 서식, 발급대장 등재, 정상적 날인(서명), 의견수렴 및 결재를 거쳐서 작성되었다면 형식적 진정성에 흠결은 없다. 내부 문서는 조직 내부의 의사소통을 위하여 작성되는 것으로 대외적 공신력을 갖춘 처분 문서보다는 진정성이 낮다는 것이 통설이다.

마치 2013년 6월부터 2014년 1월까지 청와대 파견 경정과 비서관이 'J씨 국정개입 의혹' 동향보고서를 지난해 2월에 P씨 등에게 유출했고, 대통령기록물 관리에 관한 법률 위반으로 기소되었다. 지난 2015년 6월 10일 서울중앙지방법원에서 내부 보고(문서)가 대통령기록물(문서)에 해당하는가를 검토했다. "청와대에서 쓴 메모 한 장도 대통령기록물이라고 검찰이 주장하지만, 형법상 처벌과 연계해서는 치밀한 검토가 필요하다."고 강조했고, 출석한 증인은 "대부분 종이 문서로 작성하여 보고하고 파쇄한다."고 하면서 "대통령기록물로 이관하지 않고, 대통령기록물로 취급하지 않는 게 관행이다."라고 했다.[40]

청와대 내부 소통을 위한 보고서는 대통령기록물로 이관하지 않고 그렇게 취급하지 않는다는 관행에 비춰본다면 이는 채증법칙의 경험칙(經驗則)에 의하여 대통령기록물이라는 증거로 채택할 수 없다. 만약 중요한 판결의 증거로 채증했다면 이는 채증법칙 위배로 봐서 대법원 법률심 법리논쟁이 벌어질 것이다.

증거채택의 채증법칙의 종류		
구 분	설명 및 일반적 사례	비 고
경험칙	○ 관행의 법규성 보완으로 활용(민법제2조의 조리) ○ 동네 사도의 공동이용, 보고서 내부문서, 관혼상제	
논리칙	○ 사회질서 및 사회적 기본 규범의 조리성 인정 ○ 문서등록대장, 적법절차 및 일반논리의 인정	
신의칙	○ 신의성실의 윤리적 가치와 사회적 안정성 ○ 행정의 안정성, 기존질서의 지속안정화	
실험칙	○ 자연법칙과 과학적인 준거를 인정 ○ 국가과학수사연구소의 감정, 도로원심력 실험 등	
평등칙	○ 헌법상의 평등구현의 준거(법제간의 괴리방지 등) ○ 타 기관 혹은 타부서의 평등한 비교교량	
비례칙	○ 공공복리 제한의 비례(헌법상)과 현존하고 명백한 위험성 ○ 제한, 규제 및 타인이 자유침해(공공복리를 위한 권익침해)	

정보 처리(information processing)

수합된 정보를 분석, 정리하여 활용도가 높은 데이터, 그래프, 목록, 인포그래픽(infographics)[41] 등으로 정리하여 보고서 혹은 프레젠테이션 등에 활용하고 있다. 지식, 그래픽, 이미지 등을 종합한 인포그래픽을 이용하면 단순, 명확하며 이해도를 높일 수 있다. 이처럼 수합된 정보를 정리하여 새로운 부가가치를 창출할 수 있는 생성물을 제작하는 것이 필요하다. 정보 수합 매체별로 간략하게 소개하면 '수합 정보의 생성 결과물'과 같다.

정보수합방법에 따른 종류

수합매체	자료정리 및 생성결과물	비 고
휴민트 (humint)	관련자 명단, 대화록, 녹취록, 인터뷰 기사, 동영상, 방문록, 주제별 내용정리, 대화 마인드 맵, 각종 아웃라인 맵	
테킨트 (techint)	전화 매트릭스, 대화주제 리스트, 사진첩, 녹음(녹취록)내용리스트, 전화주제별 리스트, SNS녹취록, 검색결과목록, 사이트검색결과요약, 주제별검색내용리스트, 각종통계(그래픽), 영상포트폴리오, 인터넷기사스크랩, 각종매핑, 데이터마이닝, 빅데이터 마이닝, 타기관 전화확인 결과보고서	
오신트 (osint)	기사 및 하이퍼링크, 가시 스크랩, 논문 목록, 보고서 리스트, 전임자보고서철, 타부서(기관)보고서철, 보고서 주제별 리스트, 해외정보점검자료, 판례(사례)집, 사건백서, 전문잡지내용 리스트	

정보를 수합하여 보고서를 작성하는 목적은 보고받는 사람에게 단순하게 확인된 정보를 제공하는 것만은 아니다. 궁금증을 해소시키고, 생각해 보지도 않은 아이디어, 사업 아이템, 상대방을 제압할 수 있는 전략 등을 제공한다면 감동할 것이다. 보고받는 사람의 "네가 뭘 해야 하지?"/ "핵심이 없어!" 혹은 "그래서 어쨌단 말이냐?"

등의 반응은 자신이 바라던 것을 얻지 못했다는 것이다. 미국 CIA의 첩보 정의(definition of intelligence)는 정보에 의지, 아이디어, 아이템, 부가가치 등을 추가하는 것으로 개념을 정의하였다. 따라서 여기서는 정보에서 부가가치 창출을 위한 작업을 첩보화(intelligen-cization)라고, 조작적 정의(operational definition)를 내린다.

중국 제자백가 중의 한 분인 장자(莊子)는 너무 커서 쓸모가 없다는 박 바가지를 유희용 보트로 활용하였고, 어부들이 겨울에 손이 터지는 것을 방지하는 약을 동절기 수군들의 전쟁에 활용했다는 무용지용(無用之用)처럼 새로운 부가가치를 더하는 개념이다. 단순한 정보로 부족함을 보완한다는 의미에서 화용점정(畵龍點睛)작업이라고 하겠다. 대표적인 국가 사례로는 일본이 한국의 은 제련기술로 세계 은(銀)시장을 독점, 임진왜란으로 도공을 생포하여 300년간 세계 도자기 시장을 석권, 영국의 광목 기술을 훔쳐 옥양목을 생산하여 부국강병은 물론 조선 침략의 첫걸음으로 미목경제 식민화 전략을 구사했던 첩보화가 있다.

사무직원으로 보고서를 통해서 첩보화(諜報化)할 수 있는 몇 가지 방안을 간략하게 간추려본다면 i) 의견 첨부, ii) 조치 방안 제시, iii) 리스크 헤징(risk hedging), iv) 이벤트 개최, v) 하실 일, vi) 기타 아이템이 있다.

정보+α로 첩보화

항 목	부가가치 창출을 위한 세부사항	비 고
의견첨부	부서의견, 전문가(고문변호사)의견, 민원인주장, 진정인 요구, 타부서(기관)의 의견	
조치방안	해소방안, 대응(대책)방안, 후속조치, 위기관리, 비상기획, 우발계획, 콘트롤 타워 운영, 상황실운영	
Risk Hedging	책임보상보험, 재정보증보험, 보증금 불입, 연대보증인 입보, 공제가입 조건, 위험전가 특약, 선물계약	
이벤트 개최	간담회, 대담, 맞불작전대회, 궐기대회, 여론조성시위, 문화축제, 예술행사, 종교행사	
하실 일	대회사, 인사말, 축사(격려사), 사과문, 말씀자료, 설명회, 예상 질문과 답변	
기타 아이템	신생파생사업, 녹화사업(비밀손보기작전), Plan B, Black Biz(비밀사업), Zero Dark Thirty(비밀작전), 반간(이간책)	

4. 보고서 작성의 일반 원칙과 금지 원칙

보고서 작성의 일반원칙

최근 문서 작성의 경향이 많이 변하고 있다. 직감할 수 있는 것으로 신문이나 잡지를 보면 쉽게 알 수 있다. 1985년부터 시사 종합 잡지의 대명사인 타임(Time)지와 뉴스위크(News Week)지에서는 '읽는 잡지'에서 '보는 잡지'로 변모했다. 흑백신문을 고집하던 뉴욕타임지(New York Times)도 지난 1993부터 칼라 판을 내고 있다. 그렇게 발버둥을 쳤던 뉴스위크 등의 종이 잡지를 중단하고 2010년부터 인터넷 전자 잡지만을 발간하고 있다.

이에 보조를 맞추어 국내 잡지에서도 린(lean)[42]방식과 리드(lead)[43]방식을 도입하고 있다. 레이아웃에 있어서도 균형, 대조를 중시하여 중앙에만 배치하던 과거 관행에서 탈피하여 '여백으로 말한다.'는 의미에서 불균형적이고 파격적인 배치법(unbalance & broken layout)을 도입하였다. 이런 경향에 발맞춰 보고서(문서)작성에도 역시 이런 경향을 받아들였다. 문자표현 보고서를 과감히 탈피하여 논리 표현, 통계 표현 및 이미지 표현을 도입하였다. 따라서

워드프로세서, 엑셀, 파워포인트의 사용은 기본이다. 사진과 같은 이미지, 동영상 등을 편집하자면 포토샵과 같은 프로그램을 사용해야 했다.

먼저 기술하는 방식에 따라서 서술식 보고서와 개조식 보고서, 2개로 크게 나눌 수 있다. 서로 장단점이 있기에 우열을 판단할 수 없고, 보고받은 사람의 경력, 경험 및 성격 등에 따라서 판단하는 것이 좋다. 일반적으로 소설가, 대학교수 및 연구소 연구원 등은 평소에 서술식 문장을 많이 보고 쓰기에, 개조식 보고서는 읽어도 이해하기 어렵다. 그런데 행정 공무원 특히 기술직 간부들에게 서술식 보고서는 한 눈에 들어오지 않아서 이해하기가 어렵다.

대부분의 보고서는 A4 용지의 논리 표현 보고서다. A4 용지를 세워놓은 모양이냐 혹은 눕혀놓은 모양이냐에 따라 세로형(portrait) 보고서와 가로형(landscape) 보고서로 구분한다. 일반적으로 보고서의 80%는 세로형이다. 특수한 경우에 기술적 도면, PPT 화면, 지도, 조감도(축소형) 등을 편집할 경우에는 가로형 보고서를 사용한다. 세로형 보고서 혹은 가로형 보고서로 작성할 것인가 하는 결정은 적어도 보고받는 사람의 경력, 근무처, 평소 취향을 참고하고, 보고하고자 하는 내용과 수합된 정보를 편집하기에 좋은지 등을 종합적으로 판단해야 한다. 물론 가장 중요한 요소는 보고받는 사람을 중시해야 한다.

세로형/가로형 보고서의 비교표

구분	세로형(portrait)보고서	세로형(landscape)보고서	비고
장점	텍스트로 간략한 표현, 작성에 단시간, 1~2매	시각적 표현으로 전달력이 높음	
단점	많은 분량은 전달력이 약함. 관심집중이 어려움	작성시간이 길고, 페이지수가 많음	
S/W	HWP, MS Word, Excel	Power Point, Photo-Shop	
취향	일반기업, 공무원조직, SK, LG	기술업체, 공무원(기술/현장)	
보고	대면보고(1:1), 부재보고, 전자보고	원거리보고(PPT), 대중 보고	
표현	개조(서술)식, 핵심 요약, 평면표현	사진(이미지), 도표, 동영상, 입체표현	
첩보	하실 일, 협의사항, 후속조치	추진사항, 협의사항, 협조요청	
부록	통계표, 위치도, 좌석배치도, 내역서, 참석자명단, 말씀자료	없음(본문에 삽입)	
마무리	논공행상, 홍보, 매뉴얼 작성, 감사 및 격려금	식사(뒤풀이)	

보고서 작성의 문제점이 없도록

"여보세요. 안녕하십니까? 저는 ○○○구청 기획감사실에 근무하는 ○○○입니다. 이번에 선생님의 기관에서 우리 기관으로 인사 이동하신 ○○○ 구청장님께 보고서를 작성하신 분을 부탁드립니다."/ "예, 제가 대부분 했습니다."/ "그러면 먼저 감사를 드립니다. 구청장님께서 선생님의 보고서를 자랑하시던데요. 죄송하지만 몇 가지 질문을 드리겠습니다. 그리고 마지막으로 최근 올리신 보고서를 전자우편으로 보내주시면 감사하겠습니다. E

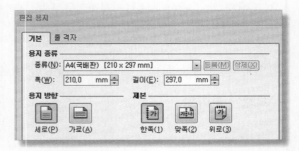

mail 아이디는 ○○○○입니다. 감사합니다."

　기관장이나 부서장이 인사 이동하여 전입하면 가장 먼저 보고서 혹은 업무 보고서에 대한 취향을 묻는다. 좋아하는 폰트, 포인트 등을 전화로 확인하고 표준 문서(standard sentence)로 활용하고자 보고서와 업무 보고서를 전송하여 달라고 당부한다. 이처럼 '깨진 후에 깨닫기보다, 먼저 깨닫고 깨지지 말자.'는 의미에서 일반적인 '보고서 작성의 문제점'을 요약한다. 1980년도 업무 현장에서 "바보는 죽어봐야 저승길을 알지만, 천재는 죽지 않고 남의 경험을 통해서 저승길을 안다."고 했다. 즉 지혜를 빌리는 것이다. 사전 문제에 대비하여 보고서를 작성한다면 같은 노력으로 더욱 품격 높은 결과를 가질 수 있다. 전반적으로 제시되는 보고서 작성의 문제점은[44]:

　○ 목적과 취지가 명확하지 않아, 무엇을 위해서 보고서를 작성하는지도 모른다.

　○ 보고서를 받는 입장에서 쓰지 않고, 보고하는 사람의 생각만 담았다.

　○ 보고받는 사람이 무엇을 원할 것인지는 무시하고, 보고하는 사람의 주장만 적었다.

　○ 문장의 주어와 동사가 맞지 않고, 심한 경우엔 동작을 표현하는 동사가 없다.

　○ 핵심도 없어 무슨 말을 하는지 알 수 없는 보고서가 되고 있다.

　○ 내용만 나열하여 명확한 의견(주장), 시사점 및 결론이 없다.

○ 보고받는 사람이 얻을 수 있는 첩보(tips)가 전혀 없어 "내가 뭘 해야 하는데?"하고 묻게 된다.

○ 근거가 미약하여 믿음을 주지 못하고, 구체적으로 무엇을 하겠다는 건 전혀 없다.

○ 보고서의 논리적 체계가 없고, 단위, 문체, 용어가 통일되지 않았다.

○ 보고서의 체제와 우선순위, 기호(번호)가 체계적이지 않아서 혼동이 생긴다.

○ 꽃나무처럼 화려하나 줄거리는 보이지 않고, 잔가지와 잎사귀만 무성한 나무와 같다.

○ 핵심은 보이지 않고 군더더기가 너무 많다. 몇 번이나 같은 말이 나온다.

○ 서식, 글자체(폰트), 호수(포인트) 등에 통일성이 없어서 산만하기만 하다.

위의 문제점을 크게 4가지로 분류하면 i) 보고서 모양, ii) 핵심 부재, iii) 궁금증 가중, iv) 문제 해결 의식이 없다고 할 수 있다. 즉 보고서의 서식이나 전체 모양이 이것이 아닌데, 장황하기는 하나 내용엔 핵심이 없다. 문제점 해결은 고사하고 오히려 궁금증만 가중시키고 있다. 근본적인 문제 해결을 하려고 하는 문제 발견의식도 문제 해결의식도 보이지 않는다는 것이다.[45]

사실 문제점을 하나도 가지지 않는 보고서는 없다. 세상에 완전무

결한 것은 없듯이 보고서 역시 완전무결할 수 없다. 그러나 보고받는 사람이 만족하면 흠결이 아무리 많아도 결과가 좋고 효과적인 표현을 했다고 할 수 있다.

보고받는 사람들의 지적사항

문제의 양상	세 부 지 적 사 항	비고
모양새가 아니다.	○ 소정(눈에 익은) 서식이 아니다. ○ 제목이나 목차에서 내용이 그대로 담겨지지 않는다. ○ 누가 언제 어떤 목적으로 썼는지 모르겠다. ○ 오탈자와 맞춤법, 시제 등에 오류가 많다. ○ 논리(기승전결)체계가 없고 뒤죽박죽이다.	
핵심내용이 없다.	○ 모호한 표현, 명확하지 않다. ○ 자기주장이 없이 견해(의견) 소개만 나열하고 있다. ○ 연구논문이 아닌데 너무 길다. ○ 불필요한 내용이 너무 많다(過猶不及). ○ 논점에 벗어났고, 유사한 내용이 반복된다(동어 및 동의어 반복).	
궁금증만 가중	○ 지나친 압축표현으로 알 수 없다(다의어, 상징어 사용) ○ 취지, 배경, 경위(정책이력)이 불충분하게 기술되었다. ○ 출처불명의 자료(찌라시)를 인용하였고, 주장의 근거가 미흡하다. 　- 통계표의 캡션기능, 미주(tail note) 활용 ○ 종합성과 균형성이 결여되어 일방적인 피력만 하고 있다. ○ 전문용어, 약어 등에 대해서 설명을 하지 않았다. 　- 각주(footnote), 하이퍼링크, back data 제공	
근본해결의식 결핍	○ 기존관행을 그대로 답습하여 구태의연한 방식으로 접근하였음. ○ 현황, 문제, 원인 등의 분석이 부족하여 문제발견의식이 미흡함 ○ 대안 나열로 실천 가능성이 없어 보이는 대책, 향후대책이 불확실함. ○ 막연한 정보제공으로 보고받은 사람이 할 일이 없음. 　- 정보의 첩보화(intelligencization) 작업	

보고서 작성에 절대 금지 사항

일반적으로 서구 사회나 우리나라 지식 사회인 대학 또는 연구소에서는 서술식(敍述式) 보고서를 선호한다. 일본 행정기관이나 영국에서는 개조식(個條式)[46]을 대체로 선호하고 있다. 우리나라는 일본 행정 문화를 복사하여 대부분 개조식 보고서를 사용하고 있으나 최근에 미국 등 서양에서 교육을 받은 지식 관료가 영입됨에 따라

서술식 보고서의 장점을 복합한 개조·서술식 보고서로 서서히 변모
하는 경향을 보이고 있다.

서술식/개조식 보고서의 차이점

구 분	서술식 보고서	개조식 보고서	비고
장 점	육하원칙에 따른 논리적 표현, 읽고 이해하는 표현 방식, 중요한 것은 앞으로 배치	요점파악이 용이, 보고받는 사람의 관심사항 강조, 눈으로 보고 이해하는 표현	
단 점	다 읽어야 비로소 이해 가능, 한 눈에 들어오지 않아서 답답함, 중복과 빠짐이 있음.	서술문장에 익숙한 사람은 오히려 이해가 어려움, 논리의 비약이 심해서 혼란 야기, 배경과 이유 등 완벽한 이해가 어려움	
보고형식	읽는 보고서로 부재보고 혹은 서면보고로 적합	보는 보고서로 대면보고에 적합, 궁금한 것을 묻고 답변이 필요함.	
사용국가	미국(대학, 연구소), 호주, 독일, 한국(대학, 연구소)	미국(행정, 군사), 일본, 영국, 한국(행정 및 군사기관, 일반기업)	
요약기법	린(lean)방식 요약 , 리드(lead) 단락 요약, 한 장 보고서(one-page report), 카버레터(cover letter)	취지박스(gist box), 머리박스(head box)	

그뿐만 아니라 서술식 보고서에서 사용하고 있는 장문의 보고서
에 일면 요약(one-sheet report) 혹은 표지 편지(cover letter)를
활용하고 있다. 이런 경향에 의해서 '한 장짜리 보고서(one page
report)'가 유행하고 있다. 장문의 서술식 보고서에서는 첫 문단(the
first paragraph)에 전체를 요약하고 있다. 우리나라 신문이나 잡지
에서도 이 방법을 활용하고 있다. 리드(lead) 방식 요약이다. 한편 신
문, 잡지에서는 첫 문단에 요약하지 않고, 첫머리 혹은 중간에 폰트
와 포인트를 달리하여 요약하는 린(lean)방식으로 요약하기도 한다.
　서술식 보고서든 개조식 보고서든 절대로 금지하는 것은: i) 오·
탈자가 없어야 한다. ii) 한 문장은 길어도 40 단어 미만의 단문으

로 하라. iii) 13 포인트 이상으로 하되 한 면에 17줄 이상 적지 말라. iv) 명사는 끝내기는 마침표 없이, 명사함은 마침표를 찍어라. v) 문장 마지막에 여는 부호(〔, 〔, 〔《『)가 오지 않아야 한다. v) 들여쓰기 문단이 아니면 절대로 한 칸 띄우지 않는다.

오·탈자, "몇 번이고 이 잡듯이 잡아라."

1923년경 일본 제국시대 모 신문에서는 '일본 천황(日本天皇)'이라는 단어를 야간에 식자 작업을 하느라고 희미한 조명에서 하늘 천(天)자와 개 견(犬)자를 혼동하여 일본 견황(日本犬皇)이라고 유인하여 조선총독부에 호출되어 가서 후떼이센징(不寧鮮人)으로 낙인이 찍힌 적이 있었다. 1950년대 해방 이후에 모 신문에서 '이승만 대통령'을 한자로 표기하는데 식자공의 실수로 '李承晚 犬統領'으로 출간한 적이 있었다. 신문사와 출판업을 하시는 분들의 말씀은 가장 어려운 일이 오자(誤字)와 탈자(脫字)를 없애는 일이라고 한다. 그래서 그 신문사에서는 아예 대통령이라는 활자는 묶어서 해체하지 않고 사용했다고 한다. 일반적으로 신문사에서는 7번 이상 교정하는 '칠교체계'를 유지하면서 오·탈자를 없애고자 사력을 다하고 있다.

때로는 오·탈자보다 더 큰 사건을 발생시키기도 한다. 대구의 A 일간지에서 1997년도 모 장관이 경질된다는 정보가 있어 '장관 경질'이라는 제하의 글을 게재하고 경질 보도가 나자마자 장관 이름을 삽입하고자 준비를 하고, 전(前) 장관의 이름 그대로 교정을 봤다. 그런데 경질된 장관의 이름이 전 장관의 이름으로 인쇄되어 신문 구독자에게 배포되었다. 2004년 지방 총선에 나올 예상 후보자를 소개하면서 사진 아래 경력 칸에 예상 후보자가 아닌 '변호사 협회 회장'이라고 그대로 인쇄한 적이 있었다.

지난 1993년부터 우리나라의 풀뿌리 민주주의 지방 의회가 생겨 매년 의원들이 행정 사무 감사를 하는데 단독 메뉴가 '오·탈자 잡기'다. 오·탈자 하나 나오면 "의원을 이렇게 무시하느냐? 오자와 탈자에도 신경을 쓰지 않았으니 의회를 경시하는 행위다."라고 호되게 꾸중을 한다. 한 사례로, '가정복지과'의 복 자에 기역 받침(ㄱ)이 빠진 것을 보고, "당신 가정복지과장 맞아요? 여기 ○○면 ○○줄을 큰 소리로 읽어보세요."라고 창피를 준 의원도 있었다.

보고서를 작성한 직원의 눈에는 오자나 탈자가 잘 보이지 않는다. 그러나 막상 보고(결재)를 하려고 하는 순간에는 이상하게 만큼 눈에 오·탈자가 확 들어온다. 이것은 입장차에 의한 시야 문제다. 보고서를 작성하다가 보면 정신이 그곳에 집중되어 있어서 시야가 좁아진다. 평소에 보이던 것도 당황하거나 긴급한 순간에는 보이지 않는다. 즉 할머니 표현으로는 "아이 등에 업고 아이 찾는다." 요사이 젊은 며느리의 표현으로 "휴대폰 손에 쥐고 휴대폰 찾는다."고 하는 상황이다.

미니스커트의 충격(simple impact), 무조건 짧아야 한다

"짧은 문장은 의미가 없다는 것이 아니라 여운이 길다는 말이다. 시(詩)란 한자로 사찰(寺)의 말(言)이다. 스님의 설법이 목사님의 설교보다 짧다. 그렇다고 내용이 빈약한 것은 절대 아니다. 사찰의 기둥에 쓰인 글(柱聯)은 12자 미만이지만, 성경책 한 권의 섭리를 내포하고 있다. '자신을 이기는 자가 가장 강하다.'는 제우스(Jesus)신의 신탁도 짤막하지만, 그 신탁은 전쟁마다 적중했다. '왔노라, 보았노라, 이겼노라'라는 시저의 승전보는 짧았지만 온 로마 사람들이 열광했다. 2014년, 한국 시인 고운이 세상에서 가장 짧은 시, '그 꽃'으로 노벨 문학상 후보에 올랐다. '내려갈 때 보았네. 올라갈 때 보지 못한 그 꽃.' 이 한 줄이 전부다. 미니스커트를 입은 아가씨들이 매력이 넘치는 것은 입은 치마가 짧기 때문이다. 짧음이 매력(short magic)이고 단순함이 충격(simple impact)이다."

"소방서 119 구조대나 경찰 112 신고 센터에 걸려오는 전화를 받으면, 1초가 급한데 요점도 없는 말을 반복하는 데다 말은 하지 않고 운다. 어디냐고 물으면 답변을 하지 않고 다른 말만 계속한다."

"독일군이 공습을 하는데 공습 현장에서 보고하는 전화는 하나같이 밑도 끝도 없이 횡설수설하고, 전문적인 군 정보 담당관도 보고할 때 엉뚱한 말만 길게 늘어놓아 호통을 치지만 고쳐지지 않는다."

첫 문단은 지난 2015년 5월 19일, 동아리 문우회에서 소설가 김주영 문학관에 갔다가 청송군 노귀재를 넘어서 돌아오는 버스 간에서 회원마다 '자기소개, 애송시 혹은 즉흥시 한 수 짓기'를 했는데, 그때 가장 많은 박수를 받은 한 회원의 말이다. 둘째 문단은 소방서 119 구조대에 근무하는 아들 친구가 한 말이다. 마지막 말은 영국 윈스턴 처칠이 수상 시절에 군 정보관에게 했던 말이다.

전시와 같이 긴급할수록 문장은 길어지고 중복된다. 짧은 글을 쓴다는 것은 그만큼 많은 시간을 요구한다. 미국 동부 하버드를 비롯한 아이비리그 명문 대학에서는 4년 동안 핵심이 있는 짧은 문장을 중심으로 글로벌 문장 지도력(global sentence leadership)을 함양하도록 하드 트레이닝을 시키고 있다.

사람이 한눈에 볼 수 있는 단어 수는 40개 미만이다. 그 이상은 한눈에 들어오지 않고, 읽는 것 자체를 기피하며, 읽더라도 훈련된 사람이 아니고서야 이해하기가 어렵다. 실존주의 철학자인 하이데거(Martin Heidegger)의 문장은 장문으로 유명하다. 한 문장이 두 페이지나 되는 것도 있으며, 한두 번 읽어서는 알 수 없다. 법원에서 사용하는 판결문도 한두 페이지가 넘어가는 장문이다. 한두 번 읽어서는 알지를 못한다. 문장 자체가 접속사가 몇 번이나 들어가는 중문에다 복문이다. 보고서는 단문에 40단어 이내로 짧아야 한다. 문장 자체가 한눈에 들어와야 하고 초등학생도 이해가 되어야 한다. 두괄식 문장으로 결론부터 말하고 설명하는 형태라야 급할 때 한 줄만 읽고도 내용을 알 수 있다.

보고서 1면에 17줄 이상은 절대로 적지 말라

 일반적으로 신문 기사문은 무조건 중요한 것을 앞에 배치한다. 편집 회의에서 지면에 따라 기사를 싣기 때문에 내용은 아예 무시하고 무식하게 잔인할 정도로 길이만 보고 자른다. 달랑 한 줄만 남아도 전체 의미가 살아남아야 한다. 지방자치단체 기획실에서 기관장의 신년도 업무 보고를 작성할 때, 각 부서에서 작성해 보낸다. 부서 업무 보고의 내용은 알 것 없이 무조건 줄 수만 세어서 19줄이 넘으면 잘라내고, 이를 갖고 재편집하여 작성한다. 이런 작업을 목수 작업(carpenter work)이라고 한다. 도끼로 무식하게 나무를 자르듯이 내용을 무시하고 자르고, 대패로 평탄 작업을 하듯이 중복 단어, 동의어, 상징어, 중의어(重意語) 등을 가려내어 구체적인 감성어로 바꾼다. 중문이나 복문은 단문으로 바꾼다. 고급 문장을 만들기 위하여 시인에게 윤문 작업을 부탁한다.

 17줄 이상을 한 면에 적으면, i) 여백이 없어서 답답하다는 인상을 준다. 여백은 글보다 더 많은 말을 한다. ii) 포인트가 커야 가독성이 높고, 이해가 빠르다. iii) 보고를 받는 입장에 있는 분들은 대부분이 연령이 40대 중반을 넘어섰기에 노안이 있다. iv) 우리나라는 한자 문화권으로 여백이 많은 문인화(文人畵)를 봤으며, 과거 굵직한 모필(毛筆)로 글씨를 쓰고 그런 굵직한 글을 읽어왔다. 여백이 많고 활자의 포인트가 높으면 시원하게 느껴, 읽고 싶어하는 이기적 문화 유전자(meme)[47]를 갖고 있기 때문이다.

"'친구가 식당을 신장개업하였는데 무슨 그림을 선물하면 좋을까?' 물었더니 대학교수인 화가 선생이 동양화가 좋다고 했다. 서양화는 자신의 상상이나 생각을 담을 여백이 없어서 얼마 가지 않아서 싫증을 느낀다는 것이다. 동양화는 여백이 많아서 볼 때마다 다른 생각, 상상을 해도 다 담아내기에 그림 이상을 보여주어서 수백 년이 지나도 싫증을 느끼지 않는다고 했다."

"여백은 글보다 더 많은 말을 한다(A white space speaks more than sentences)."

앞의 말은 화가 친구의 말이다. 뒤의 속담은 영국에서 통용하는 말이다. 따라서 여백을 많이 두고 활자의 포인트를 높여서 읽고 싶은 보고서를 만들기 위해서는 i) 문장의 줄 수를 줄이고, ii) 단어 수를 줄이는 방법밖에 없기 때문이다. 공공기관의 보고서는 글씨 크기를 적어도 13~15포인트 이상으로 해야 한다. 일반 기획서도 13포인트 이상으로 하고, 인사말이나 축사 및 격려사는 18포인트 이상으로 한다. 최근 공무원 신규 직원의 평균 연령이 32세 내외라고 한다. 이에 반해 일반 기업체는 젊은이들이 많아서 10포인트의 서술식 보고서도 통용되기도 한다.

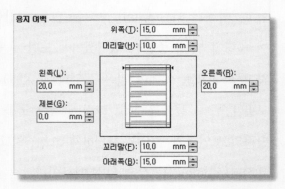

편집 용지(paper), 폰트(font), 포인트

(point), 및 여백(space)에 대해서 보다 자세하게 언급하면[48]:

○ A4 크기 편집 용지의 세로형 보고서(portrait-type report)를 기준으로 청와대 보고서 양식에 의하면 용지 여백은 '머리말과 꼬리말'이 10mm, 문서 여백은 '위'와 '아래'로부터 15mm, '왼쪽'과 '오른쪽'으로부터 20mm로 하고 있으나 기관(단체)에서는 별도 보고서 서식을 규정하기도 한다.

- '머리말'은 날짜, 보고서 목적 또는 제목, 작성 부서 등을 고딕체 14포인트로 표시하여 낱장에서도 전체를 알 수 있도록 한다. 기관에 따라서는 기관의 상징 마크, 주소, 홍보 문안 등을 적기도 한다.

- '꼬리말'에는 페이지, 기관의 주소, 담당자 연락처 등을 적어 유용하게 활용할 수 있다.

○ 개조형 두괄식 보고서의 '머리를 무겁게 하는 보고서' 모양으로 제목란(title box)의 바로 밑에 취지 박스(summary box: 목적, 취지, 요약 등)를 두는데, 이는 서술식 보고서에서 린 박스(lean box)에 해당한다.

- 제목 상자의 제목은 헤드라인M 폰트에 22포인트로, 글 상자 테두리 선은 0.3mm 정도로 한다. 물론 기관에 따라 글 상자가 아닌 2선 밑줄을 사용하기도 한다.

- 취지 박스는 배경색을 연하게 깔고 중고딕 폰트, 15포인트, 글 상자 선은 이중테두리로 하며, 기관에 따라서는 디자인한 취지 박스를 활용한다.

– 줄 간격은 기본이 160%이나 내용이 많아서 줄여야 할 경우는 130%로 한다. 내용이 적어도 180% 이상으로 하면 '무성의하다.' 혹은 '고의적으로 늘린다.'는 오해를 살 수 있음.

○ 본문 내용에선 소제목(1.)의 폰트는 헤드라인M, 16포인트로 한다.

– □ 폰트는 휴먼명조 또는 헤드라인M, 15포인트로 하며, 1칸(커서) 들여쓰기.

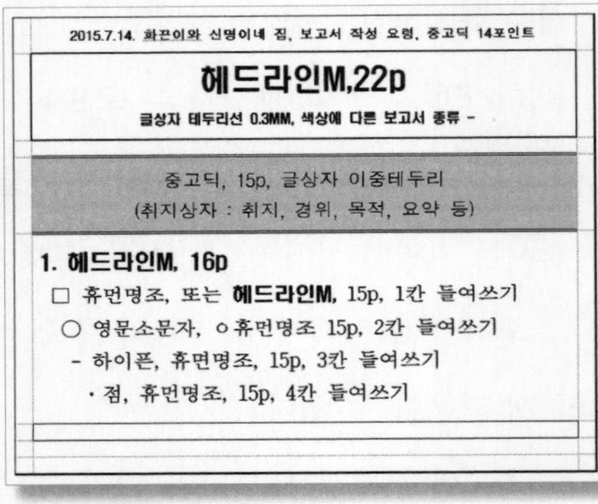
2015.7.14. 화끈이와 신명이네 집, 보고서 작성 요령, 중고딕 14포인트

헤드라인M,22p

글상자 테두리선 0.3MM, 색상에 다른 보고서 종류 -

중고딕, 15p, 글상자 이중테두리
(취지상자 : 취지, 경위, 목적, 요약 등)

1. 헤드라인M, 16p

□ 휴먼명조, 또는 **헤드라인M,** 15p, 1칸 들여쓰기
○ 영문소문자, ㅇ휴먼명조 15p, 2칸 들여쓰기
- 하이픈, 휴먼명조, 15p, 3칸 들여쓰기
· 점, 휴먼명조, 15p, 4칸 들여쓰기

– ○ 영문 소문자, ㅇ 휴먼명조, 15포인트, 2칸 들여쓰기.

– 하이픈(– hyphen), 휴먼명조, 15포인트, 3칸 들여쓰기.

– 점(· period), 휴먼명조, 15포인트, 4칸 들여쓰기.

– 참고표(※ 당구장 표시) 중고딕, 13포인트, 3~7칸 들여쓰기.

– 강조하는 방법: i) 진하게(볼드체), ii) 글자색(파랑색), iii) 밑줄 등을 활용.

– 표 그리기: 표 안 글씨는 휴먼명조 14포인트, 셀 좌우 3포인트 정도 띄움.

○ 논리 보고서의 입체적 표현 기법

– 지면 보고서: i) 별첨 혹은 부록으로 편철, ii) 중요도, 순서별

스카치테이프로 부착, iii) 포스트잇 혹은 테그(tag) 활용 등

 - 전자 문서 보고서: i) 각주(footnote) 혹은 미주(tail note)를 활용, ii) 글 상자를 활용, iii) 말풍선 활용, iv) 책갈피(bookmark) 혹은 하이퍼링크(hyperlink) 기능 활용, 보조 자료 등

하이퍼링크 活用하기

○ 활용 사례: 설문조사 + Email, 보고서 본문 + 설명 자료(사진, 동영상, 뉴스 등)
○ 링크 절차: 블록 설정–[압력]–[하이퍼링크]–대상선정–'새 창으로'–[넣기]

점 하나 차이

"님과 남, 고질병과 고칠 병, 빛과 빗, I'm possible과 impos-sible, 커플: 사랑해, 보고 싶어./

 솔로: 사랑, 해보고 싶어."

모두가 점 하나 차이다. 문장의 마침표는 누구나 틀리지 않고 찍는다. 그러나 짧은 문장을 쓰기 위해서 '사랑합니다.'라는 긴 종결 어미를 명사 '사랑' 혹은 명사형 '사랑함.'으로 적는다. 이때 마침표를 찍어야 하는지 분명하게 모르는 경우가 많다. 명사로 끝낼 때는 마침표를 찍지 않는다. 명사형으로 끝내는 경우는 반드시 마침표(종지부)를 찍는다. 마침표는 문장에서 마침을 표시한다. 문장이 아닌 단어에서는 마침표를 찍지 않는다. 우리말은 단어에는 절대로 마침표

가 붙지 않는데 영어에서는 U.S.A.와 같은 약어를 만들 때 마침표 (period)를 사용한다. IBM과 같은 회사 이름인 경우는 축약 단어 고유명사인데도 마침표를 찍지 않는다.

그런데 가장 실수가 많이 발생하는 곳은 개조식 보고서에서다. '하였습니다.'로 끝내기보다는 '하였음.' 혹은 '이미지 만들기.'와 같이 명사형으로 끝내는 경우가 많다. 이 경우, 제1명사형 'ㅁ' 혹은 제2명사형 '기'로 끝내는 문장에는 반드시 마침표를 찍어야 한다. 예를 들면 '……하기 바람.' 혹은 '미녀 만들기.'와 같이 종지부를 찍는다. 가장 많이 실수하는 '만들겠습니다.'의 종결어미는, 제1명사형으로는 '만듦.', '흔듦.', 제2명사형으로 '만들기.', '흔들기.'로 마침표를 찍는다.

문장에도 하마비(下馬碑)가 있어요!

"경상 감영 공원에 가면 하마비(下馬碑)라는 것이 있는데 감영에 관찰사가 계시니 이분의 계급보다 낮은 사람은 모두가 말에서 내려서 걸어가라는 표지석이다. 만약에 천민이나 평민이 이곳에서 말을 타고 들어갔다면 당장 볼기에 곤장을 맞고 옥살이를 할 것이다. 경국대전에 나오지 않는 '불경지죄' 혹은 '네 죄를 네가 알렸다.'라는 죄목이라고 한다."

동서양을 막론하고 문자로 생활하는 동안에 하마비가 생겨났다. '관찰사 앞에서 말을 타고 가는 사람은 지위 고하를 막론하고 손을 보겠다.'는 문장의 관행이 있다. 즉 문장 제일 처음에 마지막을 닫는 부호가 올 수 없고, 반대로 문장 마지막에 여는 부호가 오는 것을 금지하고 있다.[49)]

"오늘 재수 없다. 첫 거래 마수도 하지 않았는데, 못 볼 것을 봤으니. 문장을 시작해야 하는데 마침표가 처음부터 나오는 것은 의미가 맞지 않는다."

즉 소괄호(()), 중괄호({), 대괄호([), 큰 따온표("), 작은 따온표('), 부등호(<), 큰 부등호(≪), 작은 꺾쇠표시(「), 큰 꺾쇠표시(『), 및 오른쪽 오목 블록표(〖) 등과 같은 여는 부호는 문장 마지막에 올 수 없다. 반대로 문장 제일 앞에 닫는 부호(〗,), 〉, ≫, 」, 』등)는 오지 않는다. 문장 맨 앞에 각종 구두점이 오는 경우는 절대로 없어야 한다. 문장이 시작하지도 않았는데 구두점을 찍는다는 것은 징크스(jinx)로 생각하여 재수 없다고 하는 분들도 많다. 주의를 환기하기 위하여 '!!!'를 사용하기도 하나, 보고받는 사람의 기분에 따라 자존심을 상하게 놀린다는 것으로도 오해를 받을 수 있다.

같은 맥락에서 젊은이들이 문자 생활에 활용하는 이모티콘(emoticon)도 보고받는 사람이 이해할 수 있으면 사용해도 무방하나 대부분은 오해를 살 수 있다. 같은 위치에 있던 동료 직원도 승진하면 무게를 잡고자 하고, 권위를 찾으려고 한다. '갖고 논다.', '버르장머리가 없다.' 혹은 '얌통머리가 까졌다.'는 평가를 받을 위험이 크다. 요사이 젊은 상사와 동료 직원 간에 비공식 메모 보고서 등에는

(ᵕᵕ) 혹은 (ˆоˆ) 등을 문장 끝에 사용하기도 한다.

똥 무서워서가 아니라, 더러워서 피한다

"군사부일체(君師父一體)다. 국왕 앞으로는 아무도 지나가지 못하고 다 지나갈 때까지 백성들은 엎드려 있다가 행차하신 뒤에야 볼 수 있다. 그래서 백성들은 국왕이나 높은 어르신들이 다니는 대로를 피해서 더러운 꼴도 안 보고, 자유롭게 갈 수 있게 피막골(행차하는 말을 피해서 다닌 골목)을 활용했다. 무서워서 피하는 것이 아니라, 더러워서 피한다."

세력, 권력, 신분의 차이에 의한 품격을 지켜주는 의미로 사이에 어느 정도 간격을 두고 띄운다. 단어와 단어의 사이도 띄운다. 문장 앞과 단어 사이를 띄우는 것은 인간 생활 문화의 유전자(meme)에 의한 것이다. 우리나라도 해방 이전에는 문장에 띄어쓰기를 하지 않았다. 중국 한문 영향권에서 호흡에 의해 끊어 읽고, 의미에 따라 막대기를 그어서 해석을 했다. 영문법의 영향을 받아서 오늘날 맞춤법, 문법, 표준어 등이 해방 이후에 제정된 것이다.

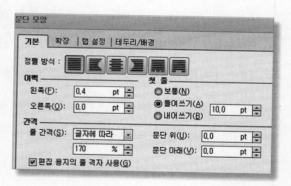

문단의 모양새를 정렬하는 방식엔 양쪽 정렬, 왼쪽 정렬, 가운데 정렬, 오른쪽 정렬, 배분 정렬, 나눔 정렬이 있다. 일반적으로 양쪽 정렬은 가지런하여 보기 좋다. 대부분의 문단이 양쪽 정렬이다. 배려 심이 많은 고참 직원들은 '단어와 부호가 강제로 다음 줄에 떨어져 읽기에 부담을 준다.'는 우려에서 왼쪽 정렬을 사용한다. 즉 초등학교 작문 시간에 선생님께 귀에 딱지가 앉도록 들었던 말이, '한 단어를 다음 줄에 넘기지 말라.' 그리고 '아버지 가방에 들어가신다.'였다.

문단 첫 줄의 띄어쓰기는 보통쓰기, 들여쓰기(in-dent), 내어쓰기(out-dent)가 있다. 미국, 서양에서는 보통쓰기를 많이 활용하고, 우리나라와 일본은 배려 문화에서 들여쓰기를 기준으로 하고 있다. 우리나라의 잡지 등에서는 내어 쓰기를 하는 경우도 있다. 과거 서양에서는 문단의 첫 글자를 유난히 크게, 혹은 모양 글자로 써서 눈에 확 들어오게 한 적도 있었다.

동양에서는 원래 문장의 단어와 단어 사이에 띄어쓰기가 없었다. 우리나라의 고어서간체(古語書簡體)를 보거나, 한문 서적을 보면 띄어쓰기를 하지 않았다. 일본어도 역시 최근에 와서 서양 문법을 도입하고부터 띄어쓰기를 한 것이다.

5. 품격과 섬김이 용해된 보고서

책상 밑에서 나오는 것

"우리나라는 역대 정권마다 개혁을 했다. YS 정권에서 '사정을 계속하겠습니다. 끝까지 하겠습니다.'라는 말로 남자들로부터 부러움을 샀고, 여성들에게는 야유를 받았다. 법률이나 만들면 규제가 사라질 것으로 생각하는 것이 위정자의 사고방식이다. 그러나 진정한 규제는 법률에 있는 것이 아니고, 행정 관행 그리고 담당자의 책상 서랍에서 나온다."

CIA 보고서 작성 10대 원칙

"1990년대 에베레스트 산 등반을 위해 네팔 공항 출입국 심사관 앞에 서면, 무슨 말을 하는지 알아듣지 못하고 서 있는 외국인 앞으로 책상 서랍을 내민다. 그러면 여권과 입국 서류

CENTRAL
INTELLIGENCE
AGENCY
How to Write Elegant Reports

The pen is sometimes flightier than the words.

○ Put big picture, Conclusion First
○ Organize Information
○ Understand Format
○ Use Precise Language
○ Economic on Words
○ Achieve Clarity of Thought
○ Use Active Voice, not Passive Voice
○ Self-edit your Writing
○ Know your reader's Needs
○ Draw on Expertise & Experience of your colleagues

를 넣고 심사관 쪽으로 다시 내민다. 그것을 또다시 무슨 말을 하면서 이쪽으로 내민다. 그때는 1달러짜리 지폐를 넣어 돌려준다. 이렇게 몇 차례 오가면서 나중엔 불티나 일회용 라이터까지 다 내놓으면 입국 일자 날인을 해 준다.”

이런 관행을 영어 표현으로는 '책상 밑 관행(under-table custom)' 혹은 '책상 밑 돈(under-table money)'이라고 한다. 지난 2월에 캄보디아 시암립(Siam Reap) 공항에서도 출국 심사관이 아예 1달러짜리 지폐를 들어 보이면서 무슨 말을 해도 아예 무시하고 기다렸다. 기대행렬이 늘어났고 소란이 생겼다.

보고서 문장을 작성하는데 법규적으로 정해지지는 않았지만, 관행적으로 꺼리는 사항이 있다. 달리 말하면 상대적인 금지사항이라고 할 수 있다. 공공기관에서 관행적으로 지켜왔기에 이를 어겼을 경우에 어색하고, '무언가 2% 모자라는 느낌'을 주는 것이 있다. 몇 가지 소개하면: i) 생뚱맞은 외톨이 문장, 외톨이 부호 등, ii) 논리체계에 맞지 않는(체계 급수를 어긴) 개요 부호, iii) 취지 박스에 요약된 문장이 본문보다 장문인 경우, iv) 페이지 수만 늘린 보고서(1면, 70% 보고서), v) '꽁지 빠진 새 모양'으로 중간에 끝나는 보고서 등이다.

혼자는 외로워 못 살아!

"가정에서 '콩가루 집안'이 안 되자면 적어도 할아버지, 아버지와 아들이 지위 체계가 있어야 한다. 아버지가 할아버지와 맞먹고, 아들이 아버지와 맞먹으면 나중에는 손자가 할아버지와 맞먹는 꼴불견이 생긴다. 이런 집안을 콩가루 집안이라고 한다. '□'는 할아버지이고, '○'는 아버지이며, 'ㅇ'은 아들이라면, '-'은 손자뻘이 된다. 번창하는 가문을 위해선 외동아들을 만들지 말아야 한다. 할아버지도 형제, 아버지도 형제, 아들도 형제, 그리고 손자도 형제가 많아야 가문이 번창한다. 보고서도 그렇게 작성해야 우아하고 알찬 내용이 담긴 것처럼 보이는 법이지."

새내기 신입 사원이 처음 올리는 보고서를 옆에 놓고 연필로 적어 가면서 가르치던 한 부장님의 얼굴엔 인자한 부처의 모습이 보였다. 책에 나오지 않는 조직 사회의 관행적인 디테일을 가르쳐 주기란 쉬운 일이 아니다.

문장이란 사람의 마음, 생각을 종이에 반영하는 것이다. 따라서 종이에 작성된 것을 보고 자신의 감성을 투영하기도 한다. 다시 말하면 외로운 사람은 개요 번호(기호)를 하나로(외롭게) 작성한 것을 보고도 그렇게 평가한다. 예를 들면 문자표(□, ○, ㅇ, - 등)를 사용하여 보고서 등을 작성하는데도 같은 체계 급수에 2개 이상을 사용하라. 하나만 사용해서 외톨박이를 만들지 말라는 것이다.

<문장에서>

잘못된 예: 1. 사랑이란 "X끼고 X하는 것"이라는 정의를 내리라면 X에 들어갈 말은?

※ 1. 이란 번호를 붙였다면, 적어도 1. 2. 정도는 붙여야 함.

바로 잡음: 사랑이란 "X끼고 X하는 것"이라는 정의를 내리라면 X에 들어갈 말은?

<번호 붙이기에서>

잘못된 예

1. 우리나라 신라 장군 중에서 가장 존경하는 분:
   ① 김유신
2. 우리나라와 인접하고 있는 나라: 일본, 중국

바로 잡음

1. 우리나라 신라 장군 중에서 가장 존경하는 분: 김유신
2. 우리나라와 인접하고 있는 나라: 일본, 중국

<문자표를 붙인 나열에서>

잘못된 예

▫ 사랑이란 X끼고 X하는 것에서 X에 들어갈 가장 알맞은 말은?
   ○ 첫 번째 X: 장갑, 안경, 가면, 장화, 두 번째 X: 뽀뽀, 팔짱, 어부바, 목마 태우기
▫ 모르면 가만히 있어요.

바로 잡음

▫ 사랑이란 X끼고 X하는 것에서 X에 들어갈 가장 알맞은 말은?
   ○ 첫 번째 X: 아끼고
   ○ 두 번째 X: 좋아하는 것

콩가루 집안을 만들지 말라

"할아버지, 이 손자를 위해 이것을 어떻게 처리하면 좋은지 한 수 가르쳐 주세요."

"야, 할아버지는 연세가 많아서 그런 것을 몰라. 알 수 있는 사람에게 물어야지. 대학을 나온 엄마가 가르쳐 줄 테니 이리로 빨리 와라. 아버지도 고졸이라서 뭘 알겠나? 똑똑한 내 자식."

똑똑한 대졸 며느리가 들어와서 콩가루 집안이 된 것은 분명하다.

보고서에서도 이런 콩가루 집안의 모양새가 빈번히 나오고 있다. 가장 많은 경우는 제목 혹은 소제목에 개요 번호를 붙여서 세부 사항을 기술하는데 체계 급수에 따라 개요 부호(문자표) 혹은 번호(1. 가) (1) 등)를 체계적으로 붙이지 않으면 '보고서 위에 세렝게티(Serengeti)의 동물의 왕국에서는 원숭이가 사자를 갖고 노는 꼴이 벌어진다.'

이렇게 보고서의 체계를 위하여 단계적(체계적)으로 번호나 부호를 붙이는 것을 개요 번호라고 한다. 급수에 따라 글자의 호수를 달리하는 경우도 많다. 업무 보고서와 같이 여러 사람들이 공동으로 약속할 경우에는 수합 부서에서 서식을 정하여 보내 주기도 한다. 행정사무 감사 때에 제출하는 경우에는 미리 정해 준 체계를 준수하면 개요 번호(gist number)와 급수 체계(grade hierarchy)를 쉽게 지킬 수 있다. 흔글 워드프로세서(word processer)에서는 정해진 개요 번호를 사용하기 쉽게 조정할 수도 있다.

공공기관이나 대기업에서 통용되는 보고서는 이와 같이 급수 체계가 엄격하다. 실제 업무 처리에 급수 체계가 지켜지고 있는 것과 같이 보고서 작성에 체계적 급수는 ① 설득 논리상 순서 혹은 우선순위, ② 중요도 및 긴급성, ③ 보고받는 사람의 호기심 자극 정도, ④ 정보와 사건의 시계열 순서(time-series order) 등을 감안하여 순서와 급수를 정하게 된다. 정해진 원칙은 없고 단지 경험과 고된 훈련을 통해서 익히는 방법밖에 없다.

개요 번호 붙이기

Ⅰ. 들어가는 말

  1. 연구의 목적

    1-1. 보고서란? (비결: 급수에 따라 글자 크기, 개요 번호,

       글자체, 오른쪽으로 들여쓰기 등을 달리하기도 함.)

    1-2. 보고서의 체계

  2. 연구의 범위

Ⅱ. 보고서 작성의 요령

  1. 보고서 작성의 일반 원칙

문자표 붙이기

  □ 타이핑 테스트 실시

    ○ 일　자: '98. 3. 12.

    ○ 준비물: 필기도구 등

      - 6급 이상 공무원으로

      - 3년 이상 시청 근무를 한

  □ 타이핑 테스트 결과

중요한 것은 머리맡에, 눈앞에 갖다놓아라

"미국의 유수 신문사에선 새내기 길들이기를 하는데 처음에 신문을 던져두고, 무슨 글자가 몇 자 나오는지, 선배의 신문 기사에서 오·탈자를 찾아라. 표준 기사를 갖고 다른 시각에서 작성하라. 마지막으로 중요한 것은 무조건 앞에 배치해라. 지면이 모자라면 뒤에서부터 무조건 자른다. 내용까지 읽지 않기에 무조건 중요한 순서로 앞에 배치하라. 마지막 한 줄만 남아도 말이 되어야 한다. 모든 내용이 다 전달되어야 한다. 심지어 단어 하나로도 표현이 가능해야 한다."

"영화 『십계명』에선 원정 나갔던 장군들이 승전하여 전리품을 갖고 승전보와 같이 알현을 한다. 이때에 가장 중요한 물건이나 미녀를 파라오 앞에 배치한다. 하나를 골라서 파라오를 만족 시킬 수 있는 것을 맨 앞에 배치한다."

"미국의 헤밍웨이와 친구가 내기를 했다. 여섯 단어로 소설 한 편을 쓰라는 것이다. 결국 헤밍웨이는 친구를 이겼고 식사 대접을 받았다고 한다. '영원히 닳지 않는 아기 신발 판매(For Sale: Baby Shoes, Never Worn)'라는 소설 한 편이다."

보고서를 작성하고자 하는 사람들이 선배로부터 얻어듣는 이야기다. 처음부터 끝까지 '짧게 함축하되 중요한 것은 앞에 배치하라.'는 말이다. 이것을 공공기관이나 대기업에서는 '머리가 무거운 보고받는 사람을 위한 머리가 무거운 보고서'라고 한다. 보고서 머리에 취지 박스를 만들어서: i) 4줄 미만으로 모든 것을 다 담든지, ii) 요약하고 함축해서 표현하든지, iii) 녹여서 재창출하든지, iv) 유혹하여 본문(아래 보고 내용)을 읽도록 해야 한다.

일반적으로 박스(글 상자)를 보고서 위에 놓는 것을 '머리를 무겁게 하는 보고서'라 하며, 동양에서는 80% 이상의 보고서가 이런 형식으로 되어 있을 만큼 선호하고 있다. 이에 반하여 밑을 무겁게 하는 보고서는 기피하고 있다. 머리를 무겁게 하는 형식은 박스(Box) 내에 주로 결론, 요약, 목적, 지난 사건의 개요 등을 적기에 가장 적합하다.

신임 기관장에게 집단 민원과 같은 사건 보고를 하자면 현재 발생 사건에 대해서만 설명해서는 이해를 못 한다. 이때는 머리 박스에 지난 사건의 개요를 적으면 보다 쉽게 설명이 된다. 대면보고를 할 때는 이번 사건 이전에 대한 경위를 보고하면 가능하지만, 서면보고서는 경위와 배경을 먼저 말씀드리는 것이 이해를 시키는데 관건이 될 것이다.

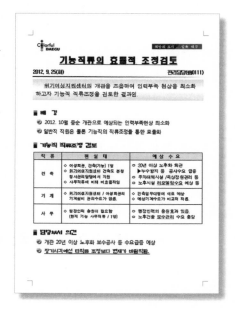

아무리 길고 복잡한 사건이라도 4줄 미만으로 요약하고 함축해서 단문으로 적어야 한다. 장문은 심리적 압박감을 줘서 읽고자 하는 의욕을 앗아간다. 지루하지 않게 개조식 표현, 단문으로 4줄을 적는 등의 요령이 필요하다. 한편 머리를 무겁게 하는 보고서는 머리 부분을 짓밟히는 느낌을 준다고 해서 외교 문서에서는 참으로 조심해야 한다.

가장 값진 보석은 작은 상자에 딸랑 하나만 들어있다

미국 중앙정보국(CIA)에서는 미래 예측 내용 이외에는 '1면 보고서(one-page report)'를 고수하고 있다. 미래 예측의 2면 보고서로는 지난 1996년 10월 상의원에 보고한 '2020년 군사 대국, 경제 대국 중국'에서 "2020년에는 중국은 경제 대국이면서 군사 대국으로 부상하여, 미국은 중국 GDP가 20조40억$(전 세계의 20%)의 67.8%정도, 일본은 25.7%정도에 지나지 않을 것임."[50]을 보고한 적이 있다. 또한 이와 같은 보고서에선 2032년부터 한국의 인구가 줄 것이라는 내용을 1995년 10월에 발표한 적이 있다.

"작은 상자에 값진 보석 딸랑 하나(Only one priceless treasure in a small box)."

영국 속담이다. 아무리 작은 상자라도 가장 값진 보석 딸랑 하나는 다 담는다. 보고받는 사람의 입장에서 가장 중요한 것은 단 하나뿐이다. 상자가 크다는 것은 안에 든 것이 값진 보석이 아니라는 뜻이기도 한다. 그래서 그런지 공공기관이나 대기업에서 사용하는 보고서 대부분은 한 장짜리다. 연구 보고서, 귀국 보고서, 출장 결과

보고서 등 전달, 교육, 기록 보관, 증빙 서류 등의 특별한 목적이 없는 경우는 일반적으로 한 장짜리 보고서를 사용한다.

말한 김에 한 가지 덧붙이고 싶은 것은, 아무리 짧아야 좋다고 하지만 한 장짜리 보고서에서 중간에서 끝내는 보고서(반장짜리 보고서)는 어딘가 2% 이상 성의가 부족해 보이고, 생뚱맞아 보인다. 심하게 표현하면 '꽁지 빠진 새'처럼 중요한 내용을 고의적으로 뺀 느낌을 준다. 엄격한 상사는 "거시기를 자를지언정 보고서를 중간에서 자르지 말라"고 농담을 한다.

제발, 키스를 한 뒤, 뭐든(please, kiss and somewhat)!

"선키스트 오렌지(Sunkist Orange). '정열에 불타는 캘리포니아의 햇살이 뽀뽀한 오렌지(The love-burning California sun has kissed oranges)'라는 의미가 가슴에 와 닿았고, 나의 얼굴은 오렌지색이 되었다. LA 공항, 촌뜨기 한국 이방인을 당황하게 했던 건 금발미녀의 말이다. '나랑 키스는 하고 차버리든 해야지(please, kiss and kick me).'란 말이 귓가를 스쳤지만 이젠 가슴에 자리 잡고 있다."

"단순함의 충격(simplification's impact)은 구글(google)과 야후(yahoo)의 첫 화면을 비교하면 알 수 있다. 승패는 더욱 충격적이었다."

지난 1970년 초, 나의 일기장의 한 부분이다. 처음 해보는 키스는 충격이다. 보고서 작성에서도 키스처럼 보고받는 사람들의 가슴을 설레게 하는 '단순함의 충격(simplification's impact)'이 있다. 일반

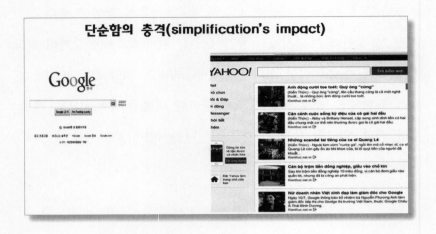

적으로 명문장이라는 것은 한번 듣고서는 알 수 없는 것이 많다. 이들은 어떤 면에서는 특히 간단명료하게 의사 전달을 생명으로 하는 보고서상에서는 졸문이라고 할 수도 있다. 보고서 작성의 제1원칙으로 서구에서는 KISS RULE(keep it simple and special)을 고수하고 있다. 즉 간단하면서(simple)도 보고자의 개성(special)을 표현하라는 것이다. 문장에 키스라도 하고 싶은 보고서를 만든다는 것은 '미녀가 되기 위해 성형수술하기보다 잇새 고춧가루 하나 빼기'라고 할 수 있다.[51] 간략하게 소개하면:

○ 반복되는 것은 무조건 하나를 지워버려라: 명사(동어, 동의어) 반복, 주어+서술어 반복, 내용 중복, 구와 절의 반복, 동사 반복, 의미 반복, 한자어나 영어 설명 반복, 문장 의미 반복, 서술어 의미 반

복, 조사 반복, 접속사 반복, 불필요한 동사, 불필요한 보조사, 불필요한 의존 명사, 불필요한 지시 대명사 등

ㅇ 함축하고 녹여서 짧게 줄여라: 늘어진 동사. 늘어진 명사. 간접화법, 동사+동사, 목적어+서술어, 부사+관형어, 복수형, 짧은 단어 사용, 의미 없는 접사, 눈에 들도록 끊기 등

ㅇ 쉬운 말로, 익숙한 것으로 바꾸어라: 문장 호응을 맞춰라, 구어체를 바꿔라, 수식어 위치를 가까이하라, 영어식 표현을 없애라, 긍정적으로, 능동적으로, 쉬운 단어로, 구체적으로, 감성어로 바꿔라.

제목(headline)은 미녀의 얼굴과 같다. 보고서에서 제목(title) 혹은 헤드라인(headline)은 참으로 중요하다. 중요성에 대하여 Harvard대학 언어학 Charls H. Brown 교수는 "제목(헤드라인)은 그 보고의 종합이요, 결정이요, 독자가 삼키기 쉽도록 캡슐에 집어넣은 증류물이다(Headline is a synthesis, a crystallization, a distillation put into a capsule for easy swallowing)."라고 정의하기도 하였다. 제목을 붙이는 요령으로는 i) 동적인 표현으로, ii) 구체적인 표현으로, iii) 상징하기보다는 암시적이고 설명적으로, iv) 그리고 명사 혹은 동사를 사용할 것 등이 있다.[52]

아무리 명문이라고 해도 한 번에 이해하기 힘든 경우가 많다. 보고서의 문장은 절대로 명문이 필요하지 않다. 누구나 쉽게 이해할 수 있는 간명(concise)하고, 명확(clear)하면서도 정확(correct)한 문장이 필요하다.

간결한 표현을 위해선 i) 순접, 역접 혹은 전환의 접속사를 적절히 사용해 고속도로와 같이 소통되는 직설적인 표현을 한다. ii) 제목(소제목)을 미리 정하여 주제의 분열을 방지한다. iii) 수식어, 접속사 및 삽입 부분과 같은 쓸데없는 꼬리는 과감히 떼어버린다. iv) 주어부와 서술부를 따로 떼어놓지 않는다. v) 역접(그러나), 순접(그리고), 전환 접속사(그런데)를 남발하지 하지 말아야 한다.

누구나 명확하게 이해할 수 있도록: i) 전문 용어 이외는 초등학생도 이해할 수 있도록 쉬운 용어를 사용한다. ii) 짧은 문장으로 강렬한 인상을 준다. 쥬라이 시저(July Cesare)의 "왔노라, 보았노라, 이겼노라."란 말은 짧기 때문에 명문이다. iii) 긴 문장은 몇 개의 단락을 나눠 표현하면 쉽게 설명할 수 있다. 즉 때와 장소에 따라, 서술 대상에 따라, 입장과 관점에 따라, 사고의 순서에 따라 단락을 나눠 나타내라. 4) 사진, 사례, 숫자, 스토리텔링, 비유(직유 혹은 인유)를 통해서 구체적으로 표현한다.

손에 잡힐 듯 혹은 살아 움직이는 것처럼 생생한 표현을 위해선 i) 구두점을 정확하게 찍어라. 특히 쉼표(comma)를 활용하라. ii) 상투적이고 관용적인 용어는 피하라. iii) 같은 말(동어, 동의어), 같은 표현(같은 구와 절)은 식상하다. iv) 최근 시사 용어를 사용하여 세대 차이를 없애야 한다. 예로 오늘날 일본에서도 사용하지 않는 일제 강점기의 용어인 '복명서(ふくめいしょ)[53]'는 '출장 보고서'로, '질의 조복'은 '질의 회신' 등으로 순화된 우리말을 활용해야 한다.

6. 온갖 노력이 녹아내려 보고서 한 장이 된다

"간절한 마음이 닿지 않는 곳 어디 있으랴."

참신한 보고서란 보고하는 사람의 간절함이 보고받는 사람에게 그대로 전달되어 감동할 수 있는 보고서다. 입장을 달리하면 보고받은 사람이 듣고 싶고, 알고 싶은 정보를 제공해주는 것이다. 한마디로 뜻하는 표적을 명중시키는 것이다. 즉 의표를 찌르는 보고서다. 이렇게 하기 위해서 귀신이 아니고서는 보고받을 사람의 마음속에 들어갔다 나와야 한다.

심리학으로 '마음을 읽는다(reading mind).' 표현이다. 마음속에 빠졌다가 나오지 않았더라도 본심이 드러나는 것을 살펴보면 80%는 적중할 수 있다. 그래서 '참신한 보고서'가 나올 수 있다. 그 사람이 지시하는 것을 잘 들었다가 요구하는 사항을 챙겨준다면 적어도 80%이상은 의표를 찔러서 참신한 보고서가 될 것이다.

그러면 보고를 받을 사람 혹은 상사의 지시를 어떻게 받아야 참신한 보고서를 작성할 수 있을까? 지시를 받는 비결을 소개하면:

○ 평소에 자기의 업무 분야에 대하여 일인자가 되어야 한다.

○ 현재 담당하고 있는 자기의 업무에 대하여 문제 발견 의식과 문제 해결 의식을 가져야 한다. 업무에 대해서 언론에 나오는 사례, 타부서 및 기관의 사업에도 늘 관심을 갖고 정보를 챙겨야 한다.

○ 지시를 받을 때는 반드시 업무 수첩과 같은 필기도구와 소형 녹음기 등을 갖고 가서 기록하라.

○ 지시 사항을 적으면서 분위기, 참석자 등을 파악하고, 적당한 질문으로 의중을 파악해야 한다.

○ 요점 정리를 마치고, 반드시 "말씀하신 것은 A와 B와로 알고 있습니다."라고 복창하고 그 자리에서 확인한다. 이렇게 묻지 않으면 제1, 2, 3안을 마련해도 적중할 수 없다.

○ 반드시 처리 기한을 물어라. 만일 견해가 다르거나 문제점이 있다면, 진언하여 명확하게 말해 두어야 한다.

– 당돌하게 묻지 말고, 능숙하게 지시 현장에서 확정하지 않고서는

– 수차례 보고를 해도 무능한 직원이 되거나 말귀를 못 알아듣는 사람이 된다.

○ 예스맨(yes man)으로서는 절대로 정확하게 지시를 받을 수 없다. 특히 업무에 대한 사전 지식 없이는 더욱 어렵다. 특이한 상사에겐 선배로부터 지시를 받는 방법을 전수받아야 한다.

○ 마지막으로 중간보고 기한과 방향 등을 복창한다. 처리 기한 내에 보고하고, 조치한 뒤에 최종 보고를 해야 한다. 업무는 보고에서 시작하여 보고로 끝난다.

"장군을 사로잡기 위해서는 먼저 장군의 말을 겨냥하여 넘어뜨려야 한다."

보고받는 사람을 알기 위해서는 먼저 그분과 가까이 지냈던 사람에게 직접 물으면 쉽게 알 수 있다. 노숙한 직원은 새로 기관장(부서장)이 부임해 오면 가장 먼저 부서나 기관을 방문하여 측근 직원에게 요령 있게 묻고, 수첩에 깨알같이 적어오며, 동시에 모든 정보를 모아온다. 구체적으로 말해서 i) 잘했다고 칭송을 받은 문서를 2~3건 복사하여 성향을 분석한다. ii) 인근 직원으로부터 잘 사용하는 용어, 문체, 글자체, 색상, 보고서 양식, 배열 등에 대하여 정보 수집, iii) 기존 직원들이 의중을 파악한 방법, 귀띔해 주는 사항(유의사항, 조심할 사항 등)에 대해서 간파한다.

그리고 보고서를 작성할 때는 입장을 바꿔 생각해서:

○ 보고를 받기에 가장 편리한 시간이 언제인지 생각한다. 감정이 격화된 시간, 배가 고플 때, 중식 후 오수가 오는 시간, 명상하는 시간대 등을 파악한다.

○ 보고를 받는 사람이 준비할 사항을 생각한다. 기념식장에 참석한다면 대회사(식사, 기념사, 축사 등), 회비, 동령부인(同令婦人), 동행 직원(경호 직원) 등을 보고서에 넣어야 한다.

○ 관련된 인적사항, 사전에 알아야 할 사항 등을 생각한다. 가령 개소식에 참석한다면 참석하는 국회의원, 유지 분의 인적사항 등을 사전에 알려야 한다. 향교 향음주례(鄕飮酒禮)에 참석한다면 유교적

주법, 유관, 도포 혹은 용어(제관, 초헌) 등을 메모해 주어야 한다.

○ 과거와 현장의 분위기를 사전에 파악해 알려야 한다.

○ 집단 민원 시에는 사건의 전말과 과거 경위 및 주동자의 난폭 행위 경계 등에 대하여 사전에 대비해야 한다. 경찰 동원 및 안전 관리 직원을 충분히 고려해야 한다.

"내게 그런 핑곌 대지 마! 입장 바꿔 생각을 해봐!"

삼국지(三國志)를 읽어보면 누구나 감탄하는 것이 있다. 제갈공명(諸葛孔明)의 선견지명(先見之明)이다. 마침 망원경으로 보고 있는 양 정확하게 알고 있다. 상사의 위치에서 부하 직원을 보면 훤히 보이는 것이 바로 관점을 달리하는 것이다. 어떻게 해서 그렇게도 박학다식(博學多識)하게 아시는지 비결을 물었다. 그분의 대답은 자리가 말한다고 하였다. 같은 이야기를 해도 유식해 보이고, 무게 있어 보이는 법이란다. 또한 정보를 제공해 주는 사람이 있기 때문에 다방면에서 정보를 보고받는다고.

제갈공명이 귀신처럼 적의 성동격서(聲東擊西) 전략을 알아차리는 상황 분석법을 재구성해 본다면:

○ 조감도(鳥瞰圖, bird's-eye view)와 같은 프레임(frame)을 가졌다. 산부인과 의사처럼 한 부분만 전공해서는 "나무는 볼 수 있어도 전체 숲을 못 본다." 그래서 실수한다. 전체의 흐름을 볼 수 있는

안목이 필요하다. 이런 수작을 하는 것은 나중에 무엇을 의도하고 있는 계략인가를 생각해야 한다. 전문가일수록 전체를 생각하지 않는 실수를 범한다. 이런 실수를 두고 '열 개 기둥의 오류(ten-post error)'라고 한다. 판자 10개로 담장을 만들자면 현실적으로 기둥은 11개가 필요하지만 10개라고 전문가가 말하면 정답은 10개가 된다.

○ 김건모의 노래 '핑계' 가사처럼 입장 바꿔 생각해봐야 한다(易地思之). 즉 내가 그 사람의 입장에 있다면 어떻게 하겠는가를 생각한다. 서로가 자신의 입장만 주장해서는 절대로 해결될 실마리가 보이지 않는다. 그러나 역지사지하면 쉽게 풀릴 수 있다.

○ 앞뒤, 좌우를 연결하여 보고, 부분을 종합해 보면 전체적 윤곽이 그려본다. 과거와 현재를 연결하면 그 연장선상에 미래가 있다.[54] 얽히고설킨 문제의 경우는 처음부터 재구성하는 방안으로도 해결의 실마리를 잡을 수 있다. 오늘날 용어로는 로드 맵(road map) 혹은 마인드 맵(mind map)을 그려본다. 보물지도처럼 한눈에 문제의 전모를 파악할 수 있을 것이다.

○ 마지막 상대방의 말의 행간을 읽어라(read between the lines). 글자로 표현된 것을 넘어서, 언행을 보고 숨겨진 것을 보아야 한다. 감추어진 배경, 뒤에서 조종하는 인물을 파악하라. 집단 민원의 경우에는 대다수가 꼭두각시놀음을 하고 있다. 배후 조종에 의해 움직이고 있다는 것을 파악하면 문제 해결이 용이해 진다.

"체크 리스트 없이는 완벽도 없다(No checklist, No perfection)."

일본 속담이다. 체크 리스트로 하나하나 점검하여 마무리를 하지 않고서는 완벽하게 끝났다고 마음을 놓을 수 없다는 일본 사람들의 특성을 말하는 속담이다. 우리는 아주 정확한 기록을 칭하여 염라대왕의 수명부(壽命簿)와 같다고 한다. 저승사자가 사람을 잡아오면 염라대왕은 호명을 하면서 얼굴을 대조하고, 수명부에 적힌 그 사람의 명단에다 체크 표시를 하고 하나하나 확인을 한다. 인간이 만든 것 중에서 체크 리스트만큼 결과를 확실하게 보장하는 것은 없다. 보고서를 작성할 때에는 꼭 보고해야 할 사항을 중요도 순위별로 목록(list)을 만들어 놓았다가. 보고서를 작성하고 빠진 것이 없나 대조 확인하는 것이 필요하다. 이렇게 하지 않고서는 알맹이 없는 보고서가 되거나 꼭 보고를 해야 할 것이 빠지고 만다. 보고받는 사람은 자신이 원하는 내용이 하나만 빠져도 '알맹이 없다'고 한다.

독일의 문호, 괴테(Johann Wolfgang von Goethe)는 "인류 발명 중 가장 위대한 건 복식부기와 체크 리스트다."고 했다. 복식부기는 개성상인의 4개 분개법이 이탈리아 베니스 상인에게 전해져 오늘날 복식부기(double-entry bookkeeping)가  되었다. 염라대왕의 수명부(name list)처럼 대조 확인하는 체크 리스트(checklist) 역시 완벽하게 하는 도구다. 일본 사람들이 늘 하는 말이 "체크 리스트 없이는 완벽도 없다(No checklist, no perfection).”고 하면서 그들은 매사에 체크 리스트를 만들어서 활용하고 있다. 미국 사람 역시 리스트를 좋아한다. 소망 목록(wish list), 해야 할 일 목록(to-do list) 등을 삶에 활용하고 있으나, 우리나라는 리스트를 기피한다. 언론에 등장했던 살생부, S 리스트 등은 생사를 갈랐다.

생생하게 눈에 보여줘라. 그러면 믿게 된다

“백 번 듣는 것보다도 한번 보는 것이 더 낫다(百聞不如一見).”

“말을 하면 알 수 있고, 보여주면 믿게 되지만, 감동시키려면 참여시켜라.”

“가장 믿게 하려면 손에 쥐여 주고, 설득하려면 먼저 줘라.”

첫째와 둘째는 중국 속담이다. 마지막 말은 외교 격언이다. 전체적으로 이해시키고 설득시키는 것은 말이나 글로 하는 것이 아니라, 현장을 확인시키고 손에 쥐여 주는 것이다. 이렇게 할 수 없으면 적어도 손에 잡히도록 구체화시켜서 눈앞에 보여줘야 한다. 말로 하는 것보다 메모 쪽지에 적어주는 것이 더 믿음이 가고, 선물이라도 받은 것 같은 기분이다. 이런 심리적 현상을 적극 활용하여 보고하는 것이 요령이다.

건축, 토목, 전산직 등 전문직 상사들은 대다수가 청사진, 도면, 설계도, 조감도, 사진 등으로 시각 자료를 많이 작성하고 이를 통해서 업무를 해왔기에 텍스트로만 된 보고서를 읽으면 이해가 어렵다. 50자 넘는 문장 두 줄만 되어도 "칼 막스(Karl Marx) 유물론처럼 어렵다."고 말한다. 특히 법정 판결문은 독서로 내공이 쌓이지 않고서는 이해가 어렵다. 보고서를 쉽게 구체화하는 방법을 소개하면:

ㅇ 판례 등의 구체적인 실례를 2개만 들어라. (3개는 너무 많고, 1개는 무성의해 보인다.)

ㅇ 현장 확인이 최고의 설명이다. 대부분의 문제는 현장에 답이 있다. 현장 확인이 불가능하다면 현장 사진을 전후 비교하는 방법도 있다.

ㅇ 통계는 수학의 매춘부다. 없으면 아쉽고, 있으면 믿음이 가지 않는다. 그러나 남성의 혼을 빼앗는 데는 매춘부 이상 없다고 한다. 통계 숫자 역시 확신을 심어주는 마력을 지녔다. 계량화하거나, 통계를 인용하라. 최근에는 사진과 통계를 결합해 인포그래프를 작성하면 더 매력을 발휘한다.

ㅇ 사진, 도면, 지도, 그림표, 모형, 조감도 등을 활용하여 한 눈에 볼 수 있도록 만들어라.

미니스커트(Mini-Skirt)

○ 역사와 유행: BC1390~1370 노르딕 청동기 시대 여성이 착용. 로마시대 노예. 군인 및 검투사가 애용. 1960년 영국 스윙잉 런던(Swimming London)이 유행. 한국 1964년 윤복희(가수) 도입

○ 문화 충격: 1973.12.23. 동대구역사. 열차시간을 기다리던 미니스커트 아가씨가 떨고 있는 모습을 본 할머니가, "뭐 다 얼겠다. 그 참 꼬시네. 저렇게 다 보여주다간 세상이 어떻게 되라고?"

○ 정부 단속: 1973년 풍속저해사범 경범죄 단속. 경찰관에 30cm 자를 들고, 미니스커트 여성을 재어 무릎 위 5센티 이상은 경법죄 처벌. 남성에겐 장발 단속으로 머리칼이 귀를 덮으면 경법죄로 처벌

○ 최신 영상 소프트웨어를 활용하여 이미지 처리를 해 시청각 매체를 통해서 보고를 드려라. 파워포인트로 보고하라. 전자문서로 보고할 경우에는 하이퍼링크를 활용하여 동영상까지도 보여줄 수 있다.

같은 얼굴이라도 화장의 여부에 따라 달리 보인다. 보고서는 자기의 역량을 피력하고, 이미지를 형성하는 매체로 활용해야 한다.[55] 자신의 분신이라고 생각하라. 상사는 보고서로 보고하는 사람의 인격 혹은 업무 능력을 판단한다. 그래서 보고서가 때로는 '승진의 마술램프(magic lamp of promotion)'로 작동된다. 동서고금을 막론하고 승진은 100%가 자기 요구다. 80%가 얼굴 들이밀기다.

여기서 '한 장 보고서(one-page report)'를 강조하는 이유는 짧을수록 인상이 강렬하기 때문이다. 미녀의 미니스커트처럼 단순함의 임팩트를 줄 수 있다. 요사이 '한 장짜리 보고서'를 부재 보고서

로 많이 이용하는 이유로는:

ㅇ 스피드 시대에 푸근한 마음의 여유가 없다. 얼굴을 마주하면서 대화를 나눌 틈이 없다.

ㅇ 보고받는 사람의 부담을 최소화할 수 있어 '딸랑 한 장짜리'로 관심 사항을 전달한다.

ㅇ 시간 경제상 짧은 보고서로 함축된 정보를 얻는다는 것은 조직 생산성을 높인다.

같은 보고서라도 약간 꾸미면 보고받는 사람의 입장에서는 시각적 감성을 자아내게 한다. 가장 많이 활용되는 방법으로는:

ㅇ 보고서가 2면 이상이면 요지 쪽지(gist)를 만들어 달아야 한다.

ㅇ 10면 이상이면 목차(contents)를 작성하여야 한다.

ㅇ 4면 이상이면 쪽 번호(page number)를 꼭 붙여야 한다.

ㅇ 보고서를 받는 사람의 편의도 생각하지만, 그것보다는 보고서를 돋보이도록 하는 것이다. 보고서의 좌측 상단에 색지(色紙)로 견이(dog-ear, 속칭 아첨지, 아양지)를 붙이기도 한다.

ㅇ 요지는 적어도 제목, 주요 항목과 행정 사항에 보고받는 사람이 선호하는 색으로 밑줄을 그어서 눈에 잘 들게 만든다. 여러 장의 보고서는 색지(色紙)로 간지(間紙)를 넣는다.

7. "노력이 나를 만든다(L' effort est ma force)."

일단 벽에 부딪쳐 봐야 한다

"노력이 나를 만든다."

"가난하다는 건 부끄러운 게 아니라고 했어. 근데 이제 알았어. 아무리 열심히, 성실히 노력해도 가난하다면, 그건 부끄러워해야 하는 게 아니라, 세상을 향해 화를 내야 하는 거야. 훌륭한 사람들이라면 이럴 때 세상을 바꾸지. 그런데 난 그런 사람이 아니야. 세상을 바꿀 수 없다면, 나는 나를 바꿀 거야."

드라마 '청담동 엘리스'에서 세경(문근영)은 아무리 노력을 해도 달라지지 않는 냉혹한 사회의 유리 벽에 부딪히게 된다.

사실 참신한 보고서라고 하더라도 보는 사람마다 다르다. 백인백색이다. "양고기가 아무리 좋아도 모든 사람의 입맛에 맞지는 않는다."는 영국 속담처럼 보고받는 모든 사람을 만족하게 하는 보고서는 존재하지도 않았고, 않을 것이다. 사람마다 자기 주관이라는 잣대를 하나씩 갖고 있기 때문이다. 내용을 중시하는 사람도 있고, 모양새를 중시하는 사람도 있다. 자기 마음에 들지 않으면 다른 사람이 아무리 좋아도 문제의 보고서가 되고 만다. 그래서 보고서를 작성하는 비결이라는 것은 있을 수 없다. 유일한 방법이라고는 보고받을 사람의 기호에 맞도록 몇 번이고 시행착오를 하며 만드는 방법뿐이다. 따라서 보고서 작성에는 귀재가 없다.

우리나라 역사상 최고의 서예가이며 신품사현(神品四賢)의 한 사람인 김생(金生)이 어느 날, 제자에게 "어떻게 하면 글씨를 잘 쓸 수 있는지?"라는 질문을 받았다. 그는 아무런 대답을 하지 않고 한참 길을 걷다가 연못을 만났다. 그때야 "먹물이 저 정도는 되어야 썼다고 하겠지. 나도 아직 배우는 중이라네"라고 대답을 했다. 보고서도 많이 써야 한다. 걸음마를 처음 시작하는 어린아이들을 회상하자. 넘어지고 깨져도 일어나서 다시 걷는다. 그 자리에 주저앉았다면 우리는 지금처럼 걷지 못했을 것이다.

일반 원칙 하나를 익히는데도 몇 번이고 고된 실제 훈련을 통해서 몸에 스며들게 하면, 결국에는 자기도 모르게 귀재가 되고 만다. 서산대사(西山大師)가 불경이 어렵다고 배우려 들지 않는 제자에게 "가랑비에 옷이 젖는 것은 보려고 해도 보이지 않으나, 옷은 젖는다."[56]고 한 것처럼, 좋은 보고서를 만드는 것도 하루아침에 '신의 한 수'를 배웠다고 되는 것은 아니다. 가랑비에 옷이 젖듯이 자신도 모르게 익혀지는 것이다.

예로부터 한자 문화권에 속했던 우리나라는 신언서판(身言書判)이라고 하여, 문서를 중히 여겼다. 단순히 의사 표현의 도구를 떠나서 그 사람의 인격과 동일시하였으며, 글씨를 서법, 서도라는 예술적 차원에까지 승화시켰다. 특히 위정에서는 외교 문서를 잘 쓰는 것을 우대하였고, 관리들은 국왕에게 장계(狀啓)라는 보고서를 수시로 올렸다. 일제 강점기 때에도 관리들은 지시(하명)을 받을 것을 이행한 결과를 보고하는 복명서(復命書)를 올렸고, 지금도 "소직 행정주사 ○○○는 ○○○님의 하명을 받고 출장한 결과를 하기와 같이 복명합니다."라는 출장 복명서(出張復命書)를 올리고 있다. 정작 일본에서는 복명서라는 명칭을 '출장 보고서(出張報告書)'로 사용하고 있다.

사무직원으로 일을 시작하여, 남다르게 보고서를 작성해서 세칭 '승진의 마술 카펫(magic carpet)'를 타고 앞질러 고속 승진하는 사람도 간혹 있다. 이 세상은 모두에게 똑같지 않다. 불공평하기에 때로는 공평한 것처럼 보일 수 있다. 한 가지 분명한 것은 '뿌린 대로 거둔다.'라는 것이다. 보고서 역시 열심히 익히고, 부딪쳐 넘어지고 몇 번이고 일어난 사람에겐 배신하지 않는다.

보고서 작성에서 정보 수합까지 요령

"절간에 가더라도 눈치만 빠르면 새우젓 국물은 얻어먹을 수 있다."

"돌쟁이 돌 깨는 기술은 배우지 않고 돌이 튈까 눈감는 것부터 배운다. 동물 까치 새끼도 날 땐 뒤집어나는 것부터 배운다. 정상적인 기본 기술을 익히지 않고 힘 덜 들이는 요령부터 배운다."

"시골에서 상여(喪輿)를 매고 가는 데, 키 큰 사람은 작은 사람보다 더 부담을 받는다. 오랫동안 상여를 맨 경험이 있는 사람들은 살짝 자세를 낮춰서 힘들이지 않고 놀고먹는다."

세상엔 어디서나 잔머리, 요령 혹은 노하우(knowhow)라는 것이 존재한다.

보고서를 작성하여 보고하는 과정에서 이런 요령은 있다. 아주 특별한 것은 아니나 좀 더 힘을 덜 들인다는 점에서 꾀부린다고 생각하면 된다. 평소에 글을 쓰거나 논문을 작성하는 것과 별다른 것이 없다. 단지 서식이나 용어에 조금은 신경을 써야 한다고 할 뿐이다. 쉽게 말하면 초등학교에서 관찰보고서 혹은 대학에서 학기 말 리포트 쓰던 경험을 되살리면 충분하다. 우리 속담에 "밀가루 수제비를 잘 만드는 여인은 칼국수도 잘 만든다."고 했다. 기획, 기안 등의 문서 작성을 잘한다면 보고서 역시 잘한다고 할 수 있다.

우문현답(우리의 문제는 현장에 답이 있다.)
O 장소(위치, 소재지, 주소)
O 일자(발생 일시, 사건 일시, 일정별 사건)
O 당사자 인적사항(주소, 성명, 생년월일, 주민등록번호 등)
O 목격자, 주변 참석자 인적사항(직급·성명, 성명 및 연령)
O 현장 실측(목측, 보측 등)
O 현장 증거 확보(사진 촬영, 증언 녹음 등)
O 주변 분위기(사물 배치, 참석 인물, 언론의 취재 상황 등)
O 주변 여론, 언론의 동향
O 의문점 기록(사건 재구성 및 문제 해결의 실마리가 됨)

일반적인 문제 해결 과정(problem-solving process)은 i) 현황 파악(problem analysis, 문제점 발견), ii) 정보 수집(information-collection, 자료 수집), iii) 해결 방안 강구(alternatives, 대안 및 개선 방안 등), iv) 최선 방안 선택(selection of the best alternative, v) 행동 계획(action plan, 해결 방안 건의, 각종 대안) 및 실행(do), vi) 평가 및 환류(estimation and feedback)의 단계를 밟는 것이 일반적인 방안이다.

평소에 문제 발견 의식을 가지면 많은 문제점을 발견할 수 있다. 아니면 위기관리 의식만 가져도 현황 파악에 정상과 비정상을 간단하게 간파할 수 있다. 주변을 살펴보고, 비교하며 이상한 점을 찾아보고자 하는 '성찰의 눈길'만 있다면 현황 파악이 가능하다. 현황이란 사건 현장, 집단 민원 현장, 상사의 지시 사항, 사고 자체, 위험 가능성, 다가올 위험(잠재 문제)이 된다.

문제 발견 의식이란 평소에 같은 사물이나 현상을 보고도 i) 언제(when), ii) 누가(who), iii) 어디서(where), iv) 얼마나 많이(how many), v) 얼마만큼(how much), vi) 왜(why)라는 잣대로 관찰하는 것에서 시작된다. 문제 발견 의식을 가지면 잘 보인다. 속된 말로 "개 눈에는 똥밖에 보이지 않는다."고 하고, 점잖게 표현하면 대학(大學)에선 "마음에 없으면 봐도 보이지 않고, 먹어도 그 맛을 모른다."[57]고 했다.

심리 상보설이라고 할 수 있다.

"아는 것만큼만 보인다."/ "보는 사람의 마음에 따라 달리 보인다."[58]는 것이다. 지구촌에 인류가 출현한 이후 수많은 사람들이 사과나무에서 사과가 떨어지는 것을 봤다. 그러나 만유인력(萬有引力)의 법칙을 생각하지도 않았다. 뉴턴(Isaac Newton)만이 의아하게 생각하고 중력이라는 법칙과 연상하여 생각을 했다. 그만이 그 무엇을 보고자 하는 마음을 가졌기 때문이다.

우리가 안다는 것은 경험, 견문, 유사 경력, 지식, 정보 등에서 얻는 것이다. 아는 것 중에서도 경험은 확실하다. 중국 공산당 혁명을 주도했던 마오쩌둥은 "세상에서 믿을 수 있는 것은 경험과 행동뿐이다."라고 했다. 다음 단계로는 이와 유사한 사례, 각종 관련 자료(현장 사진, 목격자 의견, 여론, 이해 당사자의 주장, 전문가의 의견, 업무 관련자의 복안, 판례 등)를 수합해야 한다.

정보(情報)는 안테나만 세워도 생각보다 더 쉽게 고급 정보를 취득할 수 있다. 국가의 기밀도 의외로 신문이나 언론에 흘러나오곤 한다. 국가 기밀은 국회 대정부 질의, 기밀 서류 유출 등으로 언론에 보도되어서 국익을 해치는 경우가 있다. 산업 기밀 정보도 언론에 흘러나오는 경우가 많다. 정보를 수합함에 앞서 정보 수합 방법, 수합 정보의 내용, 수합 대상 정보의 활용 등에 대해 법률 확인(legal check)을 하는 것이 좋다. 물론 정보의 분석과 대안을 찾는 과정에서도 재차 적법성 확인을 해야 한다.

문헌 정보(bibliography information)로는 논문, 대통령 및 국

무총리의 담화에서 연두 기자회견, 국무의원의 연설문, 지방자치단체장, 그룹 회장 등의 신년 인사말(신년 업무 보고), 관련 법령, 조례에서 규칙에까지 관련된 문서, 유사 해결 사례, 각 심급 법원의 판결 사례, 행정 심판 사례 등이 있다. 이들 자료를 반드시 최대한 살펴봐야 한다. 문헌 정보를 소홀히 취급했다가는 업무 담당자가 고의 혹은 중과실이라는 책임을 져서 공무원의 경우는 국가배상법에 의거한 구상권(求償權) 행사까지 당하는 '업무상 과실' 처벌을 받는 최악의 경우도 발생한다.

그러나 가장 생생한 정보는 인적 정보(humint)다. 이해 당사자를 만나서 의견을 청취하고, 전문가를 만나서 해결 방안을 묻고, 상사를 만나서 복안(속셈)을, 현장 목격자를 만나서 탐문하여 정보를 수합한다. 만약 목격담을 아무도 말하지 않는다면 주변 분위기와 상황을 종합하여 간파해야 한다.

매사 준비하지 않고서는 문제가 발생하기 때문에, 먼저 사건 관련자 목록(accident-relatives list)부터 만들어야 한다. 기초 자료인 성명, 주소, 생년월일, 연락처, 질문할 사항, 의견이나 상황 설명 등을 기록하여 사용하는 것이 좋다.

이해 당사자 및 관련자 목록 (accident-relatives list)						
번 호	성 명	주 소	생년월일	연락처	질문할 사항	의견 요약

이렇게 관련자의 의견까지 수합했다면 업무 태만, 직무 유기, 업무상 과실을 묻기는 어려울 것이다. 법정에 자신의 무과실임을 입증하는 자료가 될 수 있다. 중과실(gross negligence)이란 단순 과실이 아닌 중대한 과실이라는 의미다. 판단하는 기준으로 미국 형법에서는 'But-For Rule'[59]을 적용한다. 즉 "일반 상식을 갖춘 사람이 그 사람을 대신하여 그런 상황에서 그 일을 했다고 가정할 때, 그렇게 할 수밖에 없다면 중과실이 아니다."

때로는 우리가 간과하기 쉬운 '분위기 정보' 혹은 상황 정보가 문제 해결에 긴요한 실마리가 되기도 한다. 아무리 해도 문제에 의심이 가는 공극(空隙) 혹은 함정에 빠져드는 블랙박스가 생기면 '자신의 육감 정보(feeling information)'를 대입하면 블랙홀에서 실마리 코드(clue code)를 찾아서 난제를 해결할 수도 있다.

세 번째로는 대안 찾기다. 수합한 정보를 분석하고, 사실 점검(fact check)을 하고, 정당하게 수합된 정보인지 그리고 이 정보를 활용함에 법적인 여하한 문제가 없는지를 위법성 확인(illegal check)해야 한다. 최근에는 개인 정보 보호, 사적인 프라이버시, 초상권에서 인격권, 국가보안법 등은 물론이고 업무 관련 개별법을 검토해야 한다. 이어 현장에서 파악한 상황을 종합하여 해결할 수 있는 몇 개의 대안을 정리한다. 수많은 해결 방안이 나올 수 있으나 가장 좋은 방안 2, 3개 정도는 강구해야 한다.

대안(alternatives)으로는: i) 완전한 해결은 되지 않으나 개선하는 방안, ii) 원인을 제거하는 해소 방안, iii) 공격에 대하여 대응하는 방안(대응 논리, 대응 행동, 대응책, 맞불 작전 등), iv) 상대방의 주장이나 요구를 수용하는 방안, v) 침체된 사업 등을 활성화, vi) 선무(purification)와 같이 달래거나 경청하여 무마 방안, vii) 아예 무시하고 멋대로 하라는 수수방관(袖手傍觀)하는 방안, viii) 위험한 자리를 모면하거나 숨 돌릴 틈만 봐서 도망가는 36계, ix) "그래, 법대로 하는 것 좋아하니 법대로 해보자."하는 식으로 법적 쟁송하는 방안도 있다. x) 그러나 대다수의 민원은 현장에서 사정을 들어주기만 해도 70~80%는 해결되는 감정 대립 혹은 의견 대립에 의한 것으로, 불만 처리만 해주어도 끝마무리가 가능하다.

불만처리 기법
O 화법의 변화
 – Yes–But: 상대방의 의견 인정 → 반대의견 설명
 – 샌드위치화법: 칭찬 → 설명 → 격려 등 심리설득
O 3변주의 설득
 – 장소: 대화 장소 변경(사무실 → 다방 → 술집)
 – 사람: 대화 상대자 변경(담당자 → 과장 → 사장)
 – 시간: 업무시간, 저녁식사, 야간가정방문
O 런쳔테크(Luncheon Technique): 식사대접 → 설명

집단 민원, 관련 부서가 많거나, 여러 기관의 연계 혹은 다단계 허가 등의 사건인 경우는 '물고기 뼈 원인 분석도(fishbone diagram), 마인드 맵(mind map), 사건 흐름도(event flow chart) 혹

은 정책 결정 테이블(decision table) 등의 분석 기법을 활용하면 일목요연하게 쉽게 이해할 수 있다. 깔끔하게 그림에다가 통계 수치 혹은 간략한 설명을 덧붙인 인포그래픽(inforgraphic) 한 장으로도 능력을 인정받을 수 있다.

보고서는 타이밍 아트(timing art)다

"보건복지부가 '메르스 예방법'을 알리면서 그림을 곁들여 '낙타와 밀접한 접촉을 피하라'고 한 데 이어, 낙타유(乳)와 익히지 않은 낙타 고기 섭취를 피하라고 하여 국민적 조롱 정부 기관으로 '등극'했다. 지난 노무현 정부는 '로드 맵'을 정권의 화두로 삼았다. 이명박 정부는 '4대강 사업'을, 그리고 현 박근혜 정부는 '골든 타임'[60]을 눈만 뜨면 부르짖었다. 이는 물론 세월호 참사 뒤에 고착화된 것이다. 이번 메르스 사태로……. 경기 진작을 위한 추경에도 골든 타임을 외치고 있다니……."[61]

세상만사가 때가 있다. "달도 차면 기울어진다."는 옛사람들의 말이 아니더라도, 보고서는 타이밍(timing)이 승부를 낸다. 너무 일찍 보고했다가는 '긁어 부스럼 만들기'처럼 공연히 문제만 일으킨다. 너무 늦었다면 '사후약방문(死後藥方文)'이 된다. 적기에 보고를 한다는 것은 타이밍의 귀재가 아니고서는 어렵다. 한 가지 분명한 것은 늦기보다는 얻어터지는 한이 있더라도 일찍 보고하는 것이 좋다. 유비무환(有備無患)이기 때문이다.

골든 타임을 잡아라!

○ 의 미: 사고나 사업에 금쪽같은 시간
○ 짧은 시간
  − 인명 구조: 소방 진화 5분, 항공 운영의 60초, 비상시 90초
  − 질병 치료: 뇌졸중 2시간, 응급 처치(CPR) 10분내
○ 업무 처리 관행상 골든 타임
  − 남녀 작업: 첫눈에 반하는 시간 0.2초
  − 야구 포착: 150km 속공은 포수 0.4초
  − 창구 즉결민원: 3 근무 시간 내
  − 당일 민원: 8 근무 시간
  − 상사 지시: 오전 지시−오후 보고
  − 지체 없이 보고: 그날 적어도 다음날 보고
  − 중간 보고: 1주일 기한은 2~3일, 1개월 기간은 주 1회

 그러나 우리나라의 임진왜란, 6.25사변, IMF 외환 위기는 골든
타임(golden time)을 놓쳤다. 입에 골든 타임을 달고 있어도 지난
해 2014년 4월 16일 세월호 침몰 사건과 2015년 5~6월 MERS 사
태를 당했다. 누구보다도 보고를 하고, 문제점을 제시하여 '문제 직
원(trouble-maker)'으로 찍히는 것을 기피하고 있다. 가만히 있으면
본전은 찾는다. 우리나라 사회 전반에 안전 불감증 혹은 무사 안일
의 병폐가 뼛속 깊이 감염되어 있다. 공직 사회에서는 '승진의 제1원
칙은 안일무사(安逸無事)하라.' 즉 부지런히 설치다가는 꾸중을 들

기가 십상이고, 감사가 오면 제출할 일거리가 많아서 지적을 더 당하며, 결국은 인사상 불이익을 누구보다도 더 당한다. 특히 3손주의(三損主義)라고 해서 쓸데없는 보고, 제안이나 의견 제시는 하지 말라. 말했다간 추궁당하고, 부지런히 순찰, 방문 등으로 불법 단속을 하였다가 눈감아 준 상관의 비위를 상하게 할 것이다. 말하는 게 손해, 보는 게 손해, 그리고 움직이는 게 손해로 이어진다(言卽損, 視卽損, 動卽損).

보고서를 적기(適期)에 제출한다는 것은 그렇게 어렵지만은 않다. 자세히 살펴보면 눈에 보인다. 지시를 한 관리자(상관)이 제출할 시간을 사전에 말해 준다. 제출 시기를 모른다면 일찍 제출한다고 그렇게 문제는 되지 않는다. 오히려 늦어서 문책당하는 경우가 많다. 한편, 2, 3번 제출을 독촉을 받았을 때는 아무리 좋은 보고서라도 욕을 먹거나 문책을 받아 '무엇까지 주고 뺨 맞는 격'이 된다.

하루 중에도 10시나 11시경에 보고를 하는 것이 가장 좋다. 배가 고프면 사람도 동물이기 때문에 신경질을 잘 내고, 더욱 성격이 사나워져 글자 하나까지 따지기 십상이기 때문이다. 점심을 먹고 오수를 취하는 시간도 삼가야 한다. 수면욕(睡眠慾)은 식욕(食慾)과 같이 오욕 중의 하나다. 오후 2시에서 4시 사이에 제출하는 것도 좋다.[62]

가장 많이 골든 타임을 놓치는 것은 다름 아닌 장기 민원이나 장기 사업이다. 이때는 반드시 ①초동 보고(初動報告, 초기 동향 보고), ② 중간보고, ③ 결과 보고(종결 보고)를 해야 한다. 중간보고를 자주 하면 좋은 상하 관계(senior-junior relationship)를 만들 기회가 생긴다. 심지어 승진할 기회가 자동으로 생긴다. 정보 감각이 있는 직원은 상사의 관심 사항을 눈여겨봤다가 특종 정보를 제공하여 마음에 쏙 들게 된다. 특별한 정보가 아닌데도 보고서를 작성하여 보고하면서 신뢰 관계가 형성되면 인사 문제도 말할 수 있게 된다.

사실, 준비하고 호시탐탐(虎視眈眈) 엿보는 사람에게는 기회는 언제, 어디서나 있다. 보고서 한 장을 들고 들어가 별의별 부탁이나 인간적인 관계를 맺는다. 국제적 협상가는 적진에 들어가서 '적과 동침'의 기적을 만들기도 한다. 세상은 뿌린 대로 거둔다. 루즈벨트(Franklin Delano Roosevelt)는 청년 시절에 취업 시험을 쳤는데 타자를 잘 칠 수 있느냐기에 잘한다고 호언장담을 하고, 3일 동안 타이핑(typing)연습을 죽도록 했다. 그래서 실기시험을 통과했다. '바람의 딸'이라는 한비야 씨는 유엔국제기구(UN)에 원서를 내는데, 스페인어가 필수였다. 그래서 중급이라고 써내고 그때부터 6개월간 생사결단을 했다. 성패는 얼마 오래 했느냐가 문제가 아니다. 전문가들은 "40년 경험은 겨우 같은 실수를 40번 했다는 의미밖엔 없다."고 한다. 경험이 중요한 것은 아니고, 열성과 노력이 중요하다.

보기도 좋은 떡이 맛도 좋다

"미국 웨스트포인트(West Point) 사관 학교에서는 제식 훈련, 생활 규범이 강하다. '형식이 강한 군대가 고로 강하다.'라는 슬로건으로 엘리트를 양성하여 왔다. 네이비 실(navy seal) 특공대에서는 끊임없는 하드 트레이닝으로 '상처와 아픔을 사랑한다.' 그렇게 하지 않고서는 적진에 투입될 경우엔 죽음밖에 기다리고 있는 것이 없다."

우리나라는 유교의 사장중시문화(社章重視文化)가 있어 모양새와 남의 눈을 중시하는 사회다. 형식, 서식 혹은 시세말로 포맷(format)에 내용보다 더 관심을 쏟고 있다. 세칭 폼생폼사다. 특히 관료사회에서는 '내용보다 껍데기가 중시되는 모양새'가 바닥에 깔려있다. 모르거나 서투르면 가르쳐주거나 돕지 않는다. 그것보다는 조직의 매운맛을 먼저 보여준다. 난생처음 보고서를 작성해 보고하라는 지시를 받으면 눈앞이 캄캄하다. 요사이는 사랑스러운 후배에게 친절하게 가르쳐 주는 선배도 많다. 과거는 그것이 무슨 비결인지 자기만 하는 노하우(know-how)를 '전가의 보도(傳家之寶刀)'처럼 간직하며, 말한 마디 하지 않고 눈물이 쏟아지도록 호되게 꾸중했다. 속칭 '똥 폼나는 권위'였다.

사실 각종 개별 법령에 규정된 법정 서식 이외는 보고서 서식에 대해서 특별한 규정이 없다. 일반적이고 관행적인 사례를 중심으로 살펴보면 사안별로 보고 체계나 순서 등이 약간 다르다. 개괄적으로 몇 가지 사안을 중심으로 간략히 적으면, 일반적 기술 순서로는 제목, 목차, 본문, 결론, 건의, 작성 연월일, 작성자 직위와 성명이 필수 항목으로 들어간다. 몇 가지 사안을 예시하면:

일필휘지(一筆揮之)하여 명문장을 작성할 수 있는 귀재는 없다. 나면서부터 다 아는 사람은 없다. 단지 살아가면서 경험을 쌓고 실수 속에서 하나하나 익히게 되는 것이다.[63] 몇 번이고 작성해 삭제하고, 늘렸다가 다시 줄이는 고생을 되풀이하는 사이에 실력이 쌓인다. 보고서 작성의 요령도 절차탁마(切磋琢磨)다. 천 번, 만 번 갈고 닦아서 명작이 만들어진다.

한 장짜리 보고서를 작성하고자 하는데 한 장을 넘는다면 한 가지 방법뿐이다. 인정사정도 없이 잘라내는 것이다. 잘라내는데도 몇 가지 비결이 있다면: i) 흥미롭지만 불필요한 사실(자료)들은 과감하게 잘라 내라. 독특하거나 놀라운 것이라고 생각해서 끼워 넣은 자료라도 과감하게 잘라내어라. ii) 과다한 정보는 무조건 삭제하라. 아무리 좋은 사례라도 2개 이상은 없애라. 꼭 필요한 정보가 3개라면 경중을 가려서 2개만 제시하고, 나머지 하나는 삭제하라. iii) 누구나

다 아는 사실은 없애라. 평소에 발생되는 일반 사항은 보고할 필요가 없다. 공연히 꾸중 들을 일만 만든다.

말은 시대에 따라 변하고, 같은 말이라도 내용이 달라진다. 언어는 항상 변화하고 있다. 시간의 흐름, 시대 상황, 기술의 변화와 문화의 빠른 변화 등에 의하여 의미 변천과 격상 혹은 격하되기도 한다. 문체를 다듬는데 요령이라고 한다면: i) 부정적인 표현보다는 긍정적인 표현으로 일관하라. 긍정적인 표현이 이해하기가 쉽다. 문제를 제시하는 사람을 문제시하는 경향이 있다. 보고서를 보고하는 사람으로 동일시하는 경향이 있다. ii) 확신에 찬 표현을 사용하라. 반드시 확신에 찬 표정으로 결재를 받아라. 이 같은 확신이 보고받는 사람을 움직이게 한다. 적어도 보고서에는 적지 못했더라도 의견을 당당하게 밝혀라. 요구를 할 수 있으면 요구를 해야 한다. 보고받는 사람은 반드시 보고서 내용뿐만 아니라 보고서 작성 과정의 애로사항 등을 간파한다. iii) 같은 내용의 단어를 없애야 한다. 동어 반복은 물론, 관형사, 형용사, 부사 등의 수식어를 없애고, 수식 형식의 구절도 삭제해야 한다. 그리고 지나치게 세부적인 기술도 삭제해야 한다.

시를 짓는 데도 가장 중요한 것이 단어 선택(diction)이라고 한다. 웃음이라는 단어에도 박장대소(拍掌大笑), 조소(嘲笑), 미소(微笑), 너털웃음, 깔깔 웃음, 냉소(冷笑) 등 수십 가지 단어가 각기 다른 뜻을 함유하고 있다. 보고서나 논문에서는 '필자, 나, 본인 등'의 1인칭 표현을 하지 않는다. 꼭 표현할 필요성이 있을 때는 수동태로 기

술한다. 우리나라에서는 수동태의 표현이 없기에 사건을 중심으로 3
인칭으로 표현하는 것이 좋다.

Ⅲ. 스마트 여초 시대의
감성 보고서

1. 눈앞에 보여주지 않고선 믿지 않는다

대화형 감성 보고(Dialog Emotional Report)

"IMF 외환 위기가 남성 위주의 한국 사회를 근본적으로 뒤흔들었다. 여성이 직장을 찾아 사회로 나왔다. 공무원 사회에서는 신규 직원의 80% 이상을 차지했다. 2016년에는 전체 공무원의 구성원 중, 여성이 남성보다 높은 구성비인 51%로 여초 시대(女超時代)가 개막되었다. 고위층에도 여성 의무 비율을 확보하여 승진 소요 기간이 남성보다 짧아져서, 2010년부터 역차별 현상이 나타났

감성보고의 사례

구 분	감성보고의 사례	비고
비공식 보고	구두대화보고, 메모보고, 면담보고, 방문보고	
비규격 보고	식사+면담보고, 이벤트+보고, 편지(장계)문안보고, 대자보	
대화형 보고	아침문안보고, 석회 보고, 티타임보고, 행사뒤풀이	
시각적 보고	사진메모, 영상보고, PPT보고, SNS(영상)보고	
현물형 보고	수급+장계, 명함+메모보고, 기념품+보고, 선물+쪽지보고	
비논리 보고	감성적 보고, 식사대접+보고, 냅킨쪽지보고, 옷+쪽지보고	
감성적 보고	꽃+카드 보고, 이벤트 플랜카드, 택배+쪽지보고	
카카오 보고	카카오톡 보고, SMS문자보고, SNS문자보고, 채팅보고	
특산물 보고	회(膾)+쪽지보고, 송이+쪽지보고, 안동소주+쪽지보고	
미수다 보고	유비통신, 빨간전화 보고, 뒷담화, 휴게실담화	

다. 이로 인하여 일하는 방식도 하드 워크(hard work)에서 소프트 워크(soft work)로 변하고 있다. 가장 두드러진 것은 부재 서면 논리 보고에서 대면 감성 보고로 변하고 있다."

"여성의 조직 구성비가 증가함도 있으나 남성 구성원의 평균 연령이 증가하는 데에도 원인이 있다. 전국 공무원의 평균 연령이 42세가량으로 고령화되었다. 45~50세를 전후로 남녀 모두 갱년기를 맞게 된다. 생리적 변화와 동시에 성 교차(gender exchange) 현상이 나타나서 남성은 여성화, 여성은 남성화되고 있다. 여성의 구성비가 50%에다가 나머지 남성의 구성비 50% 중의 50%가 45세 이상으로 여성화되고 있다는 것이다. 따라서 공직 사회의 75%가 여성화 혹은 감성화되고 있다."

이와 같은 걱정의 소리는 눈앞에 다가오고 있는 사회 전반의 현상이다. 이런 상황으로 인해 IMF 외환 위기로 신규 직원을 채용하기보다 경력 직원을 채용하였고, 10년간 경제 침체로 인한 신규 투자와 확대 재생산의 산업 구조가 무너졌다. 청년 취업 절벽 현상이 이를 대변하고 있다. 저출산 고령화 현상이 지속되고 있어서 앞으로 여초 현상은 더욱 심화될 것이다.

따라서 과거 남성 위주의 사회 기반이 첨단 정보통신기술의 발달, 디지털 산업 장비 도입 및 조직 구조의 감성화 등으로 인하여 일하는 방식, 의사소통의 방법과 매체에도 큰 변화가 생겨나고 있다. 가장 두드러지는 것은 부재 서면(논리) 보고서가 '미녀들의 수다'[64]같은 특성이 살아나는 대면 대화형 보고 혹은 스마트 디지털(smart digital) 감성 보고로 급변하고 있다는 점이다.

"직장에서 남성으로서 여성 상관(사)을 잘 모시려면 대화를 잘 해야 한다. 그리고 자주 해야 한다. 작은 행사 하나를 해도, 마치고 나서 반드시 'OO님, 덕분에 행사를 잘 끝냈습니다. 특히 어려운 OO 국면을 재치 있게 넘겨주셨습니다. 그뿐만 아니라 오신 분들에게 한 분 한 분 대접을 하여 뒤풀이도 잘 했습니다. 이렇게 세심하게 행사를 치루기는 처음입니다. 감사합니다.'라고 뒤풀이 인사를 반드시 드려야 한다."

사실 여성의 성격이 잘 드러나는 것은 행사(회의, 모임, 이벤트)에서 섬세하게 준비물을 챙기고, 대화에 따뜻함을 담으며, 특히 행사를 끝내고 감사 메일(SMS, SNS)를 보내며, 사례품(예물)을 전달하면서 뒤풀이를 한다. 남성처럼 부재 서면 보고서 한 장으로 대신하지는 않는다. 반드시 얼굴을 보면서 대화를 통해서 감사하고, 부족한 점을 반성하며, 잘한 점과 다음에 반영할 사항을 반드시 짚고 넘어간다.

남성보다 더 과감하고 스케일도 훨씬 더 크다

"화초처럼 곱게 곱게 기른 딸을 나에게 내어 주시며/내 몸처럼 아끼고 잘 살아가라던/장모님의 그 말씀이 귓전에 맴돌아/하루에도 열두 번 참고 살아가지만/어찌하면 좋을까요? 나의 장모님./ 정말로 달라졌어요./ 아내는 지금 그렇게도 상냥하고 얌전하더니/ 너무나도 변했어요. 무서워졌어요./ 어찌하면 좋을까요?/ 장모님, 우리 장모님./ (배일호, '장모님' 가사)"

"솔직하게 회고한다면, 고령의 여성 부서장을 상사로 모셔보면 느끼는 것이 있다. 남성 부서장보다 더 과감하고 스케일이 대담하다는 점이다. 남성은 갱년기를 지내고 나면 여성화가 되어 소심하고 '좁쌀 영감이 다 된다.' 그러나 여성 부서장은 남성 부서장이 상상도 못 하는 담대한 일(사고)을 친다."

"모 광역시 여성회관 관리 담당으로 있었다. 직원 체육 대회를 하는 데, 여성 회관장은 월요일인데도 셔틀버스를 갖고 해변으로 가서 온종일 직원 체육 행사를 감행했는데, 종합복지회관에 남성 회관장이 있는 곳으로 인사 이동하여 추진하니 '평일 오후 2시 이후 혹은 토요일 전일'에 한정하여 검토하며, 셔틀버스 활용은 교육생의 불편을 고려해서 아예 생각도 못 했다. 성 교차 현상으로 남성의 여성화가 심각하다."

남성만의 조직이라도 구성원의 고령화로 인하여 성 교차 현상이 생겨 조직 분위기가 감성적인 경향이 짙어졌다. 여기에 여초 현상까지 덮쳤기에 사회의 감성화는 날로 심화되고 있다. 사실은 단순한 요인에 의한 것이 아니다. 크게 봐서 i) 학교 교사는 70% 정도의 여초 현상을 촉진했고, ii) 첨단 정보통신기술의 발달로 전산화 혹은 소프트 워크로 변혁한 노동 환경, 최근엔 여성 대통령 취임으로 인하여 급격하게 여초 현상이 촉진되었다. 이로 인하여 과거 하드 워크(hard work)로 유지해오던 분야, 즉 전쟁, 국가 대형 재난 사건의 예방과 대처에 그대로 문제가 드러나고 있다. 대표적인 사례가 세월호 침몰 사고와 MERS 사태 대응의 취약점 노출이었다.

성 교차(Gender Exchange) 현상

구 분	갱년기 이전	갱년기 이후
생리적 현상	○ 태생적 성별로 생존 ○ 신체 골고루 비만	○ 생태반대성별의 정후(성교차) ○ 배(내장)만 비만
심리적 현상	○ 여성은 온순, 세심함(바가지) ○ 남성은 과격, 공격적(고함)	○ 여성은 과격, 공격적임(큰소리). ※ 배일호의 노래 : 장모님 ○ 남성은 온순, 세심함(잔소리).

철학적 현상	○ 생존철학과 실존철학 중시
	○ 페르시아 속담 : "갱년기 이전은
	  인생을 살고 이후는 인생을
	  이해한다."
		○ 의미론과 가치론 중시
		○ 노사연의 노래 : "우리는 늙어가는
		  것이 아니라 익어가는 거야."

물론 역사적으로 여초 현상이 여러 번 있었다. 신라 시대에 선덕여왕에서 진성여왕의 시기, 발해시대, 고려 초기와 조선 초기, 임진왜란과 병자호란 사이에도 여초 현상이 있었다. 선덕여왕은 즉위 당시에 50세가 넘었기에 성 교차 현상으로 과감성과 담대함을 16년간의 치정 속에서 유감없이 드러내었다. 신라 천년(新羅千年: 새로운 천년을 펼친다) 프로젝트로 삼한일통의 기초를 다졌다. 국민의 여론을 모아 황룡사 9층 목탑, 첨성대 등의 문화 프로젝트를 단행했다. 또한, 각계의 반대에도 불구하고 과감하게 김춘추를 채용해 거침없는

외교 정책을 추진하였다.

"존경하는 시장님, 큰 산기슭의 그늘 속에선 산의 아름다움이나 혜택을 모르듯이 이제까지 전 시장님의 인품과 덕망을 몰랐습니다. 이곳에서 존경스러움과 원대한 뜻을 전부는 몰라도 일부만은 알 듯합니다. 1년간 교육이란 절호의 기회를 주심은 저의 일생에 소중한 하프 타임(half time)으로 마음에 새겨 아끼면서 활용하겠습니다. 감사합니다. 교육을 마치고 돌아가선 시장님의 큰 뜻을 헤아리고, 온몸과 온 마음을 다해서 은공에 보답하도록 최선을 다하겠습니다."

이 편지는 1996년 D 광역시 간부 직원이 장기 교육 기간 중에 시장에게 보냈던 편지의 일부를 요약한 것이다. 당시 시장은 '핏대 시장'

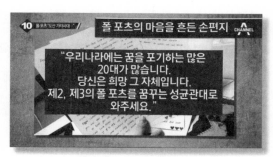

채널A TV. 2015.9.18. 화면

으로 불리며, 그분의 지시는 '헌법 위에 문법'이 있다고 할 정도로 금과옥조로 여겼다. 조회 시간에 훈시 말씀 하나하나를 모든 직원이 모두 받아 적었다. '적는 자만이 살아남는다는 적자생존'이 유행했다. 시장은 전 직원에게 그 간부 직원의 편지를 복사하여 D시 전체 공직자에게 배부하도록 조치하였다.

그런데 이것은 하부 직원들에게 '충성의 편지'라고 웃음을 샀다. 1994년 7월 8일 김일성의 사망으로 인하여 북한 사회는 경제적으로 어려움이 닥쳤다. 연이은 자연재해가 엎치고 덮쳐서 수십만 명의 아사자가 속출하고 있었으나, 후계자 김정일은 충성을 맹세하는 '고난의 행군[65]'을 감행했고, 백두산 정상에서 충성 편지를 낭독하는 이벤트를 하고 있었다. 이런 시대 상황을 연상하게 하였기에 '충성의 편지'라고 한 것이다. 당시 D 광역시의 시장은 59세였는데, 성 교차 현상의 일환으로 '핏대를 올린다.'는 심리적 불안한 증세를 보였다. 그 간부 직원은 정확하게 남성의 감성화 현상을 진단했고, 그 틈새를 놓치지 않았다. 그는 감성 보고서(충성의 편지)로 시장의 마음속에 있는 심금을 여지없이 울렸으며, 그로 인해 교육 이전의 나쁜 이미지를 씻어버렸다. 덤으로 얻은 것은 탄탄한 출세가도였다.

지난 2015년 7월 29일, 휴가 중인 박근혜 대통령이 청와대에서 책을 읽고 보고서를 보면서 '하루가 매우 짧은 날'을 보내고 있으며, 페이스북을 통해서 중국 청년에게 손편지와 초화상를 받았다고 올려놓았다. 중국 청년 자뤄한(賈羅漢)이 보낸 것으로 "박 대통령은 내 우상으로서 언제나 내게 격려가 돼줬다"와 "난 대통령에게서 사람은 꾸준하며 스스로 강해져야 하고, 배우는 것을 사랑하고 진지하게 임해 사회에 책임을 질 줄 알아야 한다는 것, 또 약속을 지키고 정직하며 진실 되고, 강인하며 자신감과 용기가 있어야 한다는

것을 깨달았다."라는 내용을 올렸다.[66] 여초 시대의 여성 대통령으로서 감성적 소통을 하고 있음을 말하고 있다.

눈앞에 보여주지 않고서는 못 믿어요

"눈(snow)이란 하늘에서 비가 얼어서 땅으로 떨어지는데, 솜처럼 포근하면서 부드러워서 한밤에 온 천지를 덮으면 마치 솜이불을 덮어 놓은 것처럼 세상이 따뜻하고 은색 천지입니다. 그런데 이 설명을 모두가 못 믿는 모습이니."/ "누가 못 믿는가? 선생님의 말씀을. 사실 나도 눈에 본 적이 없어서 믿을 수 없네요."

"서울대학을 나왔다고 해도 당신처럼 이렇게 기안을 하고 보고서를 작성하지 못 합니다. 절대로 못 합니다. 사람은 본 적도 없고, 경험도 하지 않았다면 절대로 하지 못 합니다. 특히 두 눈으로 확인하지 않고서는 믿지 못합니다. 그런 법입니다."

첫 번째 이야기는 영화 『왕과 나(King & I)』에 나오는 말이다. 1862년 지금은 태국인, 샤얌(Siam)왕국 국왕이 97명의 왕자와 공주를 위해서 영국 여성 가정교사를 채용했는데, 그녀가 교육을 하는 장면을 보러 갔다가 눈(snow)에 대해 설명을 하는 것을 듣고 국왕도 "본 적이 없어 믿지 못 한다(不視不信)."라고 하는 대사다. 두 번째 대화는 1980년대 공무원으로 처음 기안을 배우면서 어렵다고 하는 직원을 격려하던 자상한 선배의 말이다.

특히 보고를 하는 데는 눈에 보여주지 않아서 믿음을 얻기 어려운 상황이 빈번히 발생한다. 적어도 얼굴이라도 보여서 보고하는 사람의 자신감, 의지 등을 보이면, 그것을 두 눈으로 읽고, 보고서 내용을 믿게 되는 경우도 많다. 가장 좋은 방법은 현장에 모시고, 관련 민원인 혹은 전문가를 동원해서 설명을 덧붙이는 것이다. 예상 문제점에 대해서 토의를 하면서 식사 혹은 커피라도 한잔 하면서 보고를 한다면 참으로 확신을 가질 것이다. 믿음을 얻자면: i) 현장에서 대면 보고를 원칙으로 하고, ii) 혼자서 보고하기보다 관련 전문가 혹은 업체 임원이라도 대동하여 눈앞에 보여주고 설명하라. iii) 대면 보고를 하면서 시청각 자료(사진, 동영상, 현품)를 충분히 준비하여 눈에 보여줘야 한다. iv) 부득이 부재 보고를 해야 한다면, 곧이어 후속 대면 보고를 해라. v) 대면 구두 보고를 할 때도 반드시 눈에 보이는 메모 쪽지라도 손에 쥐여 준다면 선물이라도 받은 듯이 확신을 가질 것이다.

2. 감성은 논리적 설명이 안 된다

논리는 머리에서, 감성은 가슴에서

"사랑이란 머리로 논리적으로 이해하는 것이 아니고, 가슴으로 뭉클하게 느끼는 것이다. 우리가 흔히 이야기하는 것으로 '애인이 아프다면 가슴이 아프고, 아내가 아프다면 머리가 아프다.'라는 뜻이다. '다른 사람들이 사랑하는 것은 머리로 따지면 불륜이고, 내가 사랑이 빠졌다면 이것은 분명히 로맨스다.' 하는 판단이다. 논리와 감성의 판단이다."

"논리로 아무리 따져본들 논쟁만 이어지고, 감성의 판단은 호불호(好不好)로 간단하게 승패가 가려진다. 단순히 감성적으로 좋으면 예술적인 것이다."

예술과 같은 감성적인 분야를 논리로 설명하기는 불가능하다. 보고서를 논리적으로 작성하면 결국은 논리적으로 따지게 되고 논쟁거리가 된다. 그러나 감성적인 표현을 동원한 감성 보고서는 호불호 관계만 성립되면 단박에 설득할 수 있다. 과거부터 전쟁에 전공을 보고하는데도 논리적인 보고서보다는 전리품을 국왕의 눈앞에 펼쳐 놓고서,

그 만족도에 따라서 인정을 받고 신뢰를 쌓았다. 전리품이 아니면 피가 줄줄 흐르는 수급 상자를 열어 보이면서 감성적인 보고를 하였다.

논리적 판단과 감성적 판단은 남자와 여성의 근본적 차이점을 설명하는 것이 더 빠르게 이해를 할 수 있다. 남성은 고민이 있으면 대화를 중단하고 혼자서 조용히 지내지만, 여성은 주변 사람들을 만나서 대화를 한다. 남자에게 선물을 하면 가격이 얼마이고, 다음에 답례를 하자면 부담이 되겠다는 점 등을 따져 보는데, 여성은 가격의 고하를 막론하고 마음에 들면 만족을 표현하고, 동시에 개수 혹은 회수를 기억하게 된다. 남성은 능률, 업적, 공로 등을 중시하나, 여성은 대화, 인간관계, 과정 등을 중시한다. 남자는 목적적 사고를 하지만, 여자는 관계적 사고를 한다. 이런 논리적 사고와 감성적 사고의 차이점을 산수로 사례를 들어서 비교하면 논리 산수와 감성 산수가 될 수 있다. 여성은 들어주기, 이해하기, 관심 보여주기 및 재확인하는 데에서 힘을 얻는다.[67]

논리산수와 감성산수

논리산수(남성의 논리적 판단)	감성산수(여성의 감성적 판단)
오해는 두 번 이해해도 구차한 변명 (5 + 2 + 2 = 9)	오해라도 이해와 이해하면 감정 없음 (5 + 2 + 2 = 0)
열 번 잘 했으면 한 번은 그대로 믿음. (10 - 1 = 9)	열 번 잘 했더라도 한 번 과오는 빵 (10 - 1 = 0)
백 번 잘 했다면 한 번은 구구하지 않음. (100 - 1 = 99)	백번 잘 해도 역린을 건드리면 죽일 놈. (100 - 1 = ∞)
눈에 삼삼한 모심을 육친처럼 믿음 (3 + 3 = 6)	눈에 삼삼하면 행운, 아니면 열애에 빠짐 (3 + 3 = 7 혹은 3 + 3 = 10)
가격으로 따져 합리적인 계산 (99 + 1 = 100)	가격으로 따지기보다 호불호의 회수 (99 + 1 = 2)

보고서에 한정하여 논리 보고와 감성 보고를 비교하면: i) 일반적으로 우리가 판단하고 결정하는데 80% 이상은 합리적인 판단이 아니라 호불호 혹은 감성에 의한 비합리적인 근거에서 결정하고 있다. ii) 논리를 지속적으로 전개하면 결국은 논쟁만 하게 될 뿐, 끝이 없다. 그러나 우월적 지위 혹은 권력 등의 힘의 논리(power game)에 따라 감성적 판단에 의해 결정되었다면 일단은 끝이 난다. iii) 논리 보고에는 정답이 없으나 감성 보고엔 호불호가 분명히 있다. iv) 논리 전개에는 반드시 반대 논리, 대응 논리 등으로 정답이 없고, 또한, 여건과 환경의 변화에 따라서도 답이 달라진다. v) 논쟁은 언쟁으로 끝나지만 감성적 결정에는 반드시 행동이 수반되기에 결과가 생긴다. vi) 논쟁의 감정 계정(emotional accounting)엔 마이너스(☹ -)만이, 감정 판단의 감정 계정엔 플러스(☺ +)와 신뢰가 쌓인다.

감정 계정(Emotional Accounting)

입금(+, ☺)	출금(-, ☹)
꽃 선물, 칭찬, 격려, 위로, 식사대접, 친절, 영화관람, 연극공연, 해외여행, 멋진 쇼핑, 보석, 즐거운 동행, 즐거운 대화, 모임 참석, 이야기 경청, 이벤트 개최, 축하 파티, 문제점 해결, 이익제공…….	피해 혹은 손실, 성희롱, 비난, 뒷담화, 악담, 악플(bad ripple), 푸대접, 괄시, 놀림, 불참, 늦은 보고, 화제 부적정, 변명, 거짓말, 지각 참석, 준비 불성실, 부담 가중, 슬픔의 원인, 억울함…….

따라서 조직 내부의 소통을 중시하는 곳에서는 논리 보고보다 비공식적 감성 보고를 더 활용하고 있다. 여초 시대에는 감성 보고서

가 더 많이 활용될 것으로 보인다.

감성 시대 개막의 실마리

"이 사람 노태우는 보통 사람입니다, 보통 사람. 이 사람을 믿어주세요."

"대기업과 은행은 국가가 망해도 절대로 망하지 않는다는 대마불사(大馬不死)의 신화는 깨졌다. 대우, 해태 제과, 한보 그룹이 사라졌고, 대동 은행 등이 하루아침에 사라졌다. 아침 뉴스는 한강 투신자살 소식부터 시작했다. 길거리엔 실업자와 노숙자가 만원을 이루고 있다. 청년들은 이태백(이십대 젊은이의 태반은 백수), 삼판선(38세에 사선을 넘어야 해), 사오정(45세가 정년), 오육도(56세까지 직장이 있으면 도둑) 등의 용어와 함께 해고당했고, 백수의 시대가 도래되었다."

첫 번째 말은 노태우 대통령이 선거 유세 때 한 말이다. 그리고 IMF 외환 위기를 당해서 실업자가 들끓었던 길거리를 묘사한 말이다. 이런 시대 상황에서 사회는 감성에 젖어들게 된다.

세상엔 남자만이 있는 것이 아니고 언제나 여자와 같이 공생하면서, 때에 따라서는 남성 우위 사회가 있었다면 과거나 미래엔 여성 우위 사회가 있었고 있을 것이다. 과거는 우리 조직 내부의 소통에서도 감성 보고서가 논리 보고서보다 많이 활용되었으나, 조선 시대에 들어와서 유교적 사장 중심(형식 중시) 문화에 힘입어서 지금까지 서면 논리 보고서가 우세하다고 할 수 있다. 그러나 임진왜란과 병자호란 당시는 전 국민이 감성적으로 젖어들었기에 수급 현물 보고와 같은 감성 보고가 많이 활용되었다. 앞으로도 병존하면서 조직 내부 구성원의 여초 현상, 여성 지도자, 화목과 소통 중심의 분위기 등의 여건에 따라서는 감성 보고서가 더 많이 활용될 수도 있다.

8.15 해방과 미 군정, 6.25 사변 이후 전쟁에 의한 혼란기, 5.16 군사 혁명에 의한 군정, 군 장성의 국가 지도자 진출에 따른 군사 문화 속에서도 '부드러운 지도력(soft leadership)'을 강조한 적이 있다. 노태우 대통령의 친필 편지를 유권자에게 보내는 이미지(image) 선거 운동, '이 사람은 보통 사람입니다. 믿어주세요.'라는 선거 캠페인 슬로건, 손수 가방을 들고 전세기를 타고 해외 순방을 하는 등의 모습을 보여준 것이 첫 단추가 되었다. 1998년 11월 23일, IMF 외환 위기 선언으로 인한 의외의 불상사로 사회적 감성화가 심화되었다. 이런 영향은 지난 2002년 12월 19일 대통령 선거에 한 대통령 후보의 '새벽 눈길을 여는 환경 미화원'이라는 감성 홍보와 SNS의 '노일병 구하기(Saving Private Noh)' 감성 캠페인으로, 초기 5% 지지율의 후보자가 당선되는 기상천외한 이벤트가 터졌다. 일종의 '사회적 감성 폭발 사건(social emotional explosion)'이었다. 또다시 2012년 12월 19일엔 여성 대통령을 선출하였다. 패션 외교에서 '경제 살리기 옷(빨간 사파리 드레스)'[68]이라는 감성 메시지를 불러오고 있다.

강아지의 감성 메시지 전달

"옛날 사람들은 부하 직원을 '말 앞에 달리는 개'에 비유하였다. 충성하는 모습을 나타내기 위해서 상전이 타고 가는 말을 앞질러 가서 냄새를 맡아보고, 주변에 위험한 것 등 사전에 정보를 탐색하고 탐지하여 말에게 전달한다. 강아지는 똑같은 음식을 주어도 매번 냄새를 맡아서 확인하기에 정보 탐색과 위기관리에 모범이 되는 동물이다. 그래서 상사들은 마전주구(馬前走狗)를 원했다."

"그뿐만 아니라 후한의 유방은 적진에서 목숨을 구해주었지만, 건국을 위해서 죽어줘야 하겠다는 것에 비유해서 '토끼 사냥이 끝났으면 사냥개를 삶아 먹는다(兎死狗烹).'고 하여, 삶아져 죽는 개가 되어야 한다는 것도 부하 직원의 도리로 강요하였다. 고스톱(화투)에서 혼자서 다 뒤집어쓰고 죽어달라는 주문일 수도 있다."

분 야	논리시대에서	감성시대로
공직사회	조직여성구성비 49%미만	조직여성구성비 51%이상
이혼사유	경제능력(직장, 재산 등)	성격문제(쾌활함, 유머 등)
배우자 선택(결혼)	경제능력(대학, 직장 등)	미모와 성격
구매선택	가격과 품질	디자인 및 브랜드

논리시대에서 감성의 시대로 변화양상

조직에서 부하 직원의 의리로 마전주구와 토사구팽을 들고 있다. 이런 위험을 무릅쓰고 상사를 모시는 것을 속칭 '보험을 든다.'고 한다. 일제 강점기 때는 '선공후사(先公後死)' 혹은 '대(大)를 위한 소(小)의 희생'이란 미명으로 강요했다. 특히 부하 직원이 다 뒤집어쓰고 감옥에 가거나 혹은 자살하여 묻게 하는 것을 '꼬리 자르기' 관행이라고 했다. 또한, 본인에게 조직 구성원은 '의리의 사나이 돌쇠'라는 영웅 칭호를 주었다.

지난 2013년 5월, 박근혜 정부가 최초 국무회의를 개최하면서 "진돗개 정신을 가져야 한다. 한번 물었다면 죽어도 놓지 않는 정신."을 주문하였다. 그 결과, 2014년 12월 청와대 문서 유출 사건이 발생하였을 때, 관련 J 행정관이 "우리는 감시견에 불과했지, 아무것도 모른다."고 했다. 연이어 청와대 문고리 권력에 대한 '십상시(十常侍)'에 비유하는 보도가 있었다.[69] 결국은 한 번 진돗개에 비유한 것이 '맹견주산(猛犬酒酸)'이라는 비유까지 나오고 말았다.

"충성스러운 개는 짖지 않고 시키는 것만을 끝까지 물고 뜯는다. 짖기만 하는 개는 조직에서는 필요하지 않다."는 영화 『의형제』의 대사다. 상사에게 보험을 들고, 상사의 출세를 위해 스스로 자신이 희생되어주는 팽구(烹狗)가 가장 부러운 존재였다. 회의 때마다 '개판'이라는 말로 불만을 드러내도, 부하 직원은 "개가 짖는다고 따라 짖어대면 개밖에 되지 않는다. 사람은 따라 짖지 않는다."는 철칙만 배워 간다. 그래서 조직의 개혁을 두고서 "정작 도둑을 보고 짖는 개는 딱 한 마리인데, 모든 개가 소리만 듣고 짖어 댄다(一犬吠形百犬吠聲)."는 감성의 메시지만을 가슴에 새기게 된다.

보고를 받는다는 것은 '우월적 지위(superior position)'에 있다는 것이다. 우월적 지위는 일반적으로 i) 법령과 각종 조례 등의 규정에 의한 계급, 신분 등에 의해서, ii) 사회 및 관행에 따른 권능에 의해서, iii) 정보의 비대칭에 의하여, iv) 계약에 의해 그리고 v) 특별 권력관계(cat- & -rat relation)에 의하여 결정된다. 부하 직원은 보고를 하는 입장에서 보고를 받는 사람과 비교했을 때, 법규, 관행 및 정보의 비대칭 등에서 '열위적 지위(inferior position)'에 서게 되어, 자기 스스로 저항도 항변도 포기하면서 조직을 위해서 '독박을 쓰겠다.'고 나선다. 바로 업무 담당자가 '독박쓰기 자살(purposeless death)'을 감행하고 있다.

최근 2014-15년 2년간 업무관련 자살
2015.07.18. 국정원, 해킹프로그램(RCS) 사건, 담당자
2014.12.27. 청와대, 문서(지라시)유출사건, 담당경찰관
2014.10.08. 성남시, 판교공연장 사고, 행사담당자
2014.04.11. 감사원, MB정권 외압사건, 감사위원
2014.03.24. 국정원, 서울공무원간첩사건 혐의, 담당과장
2014.03.07. 국정원, 서울공무원간첩사건 혐의, 담당자

3. 감정 투자가 정답

소프트 파워(soft power)가 세상을 움직인다

"오기가 장군이 되자 가장 신분이 낮은 사졸들과 같은 옷을 입고 식사를 함께했다. 잠을 잘 때는 자리를 깔고 자지 않았으며, 행군할 때는 말이나 수레를 타지 않고, 자기 먹을 식량을 직접 가지고 다니는 등 사졸들과 수고로움을 함께 나누었다. 언젠가 병사 중 하나가 독한 종기가 났는데 오기가 그 종창을 입으로 빨아주었다. 그 병사의 어머니가 이 일을 듣고는 통곡을 했다. 어떤 사람이 '당신 아들은 일개 병사에 지나지 않는데도 장군이 직접 종창을 빨아주었거늘, 어째서 통곡을 하는 거요?'라고 묻자, 그 어머니는 '그게 아니라우. 예전에 오 공(오기)께서 그 아이 아버지의 종창도 빨아준 적이 있는데, 그이는 물러설 줄 모르고 용감하게 싸우다가 전사하고 말았지요. 오 공이 지금 내 자식의 종창을 또 빨아주었으니 이제 그 애가 언제 죽을지 모르게 되었소이다. 그러니 통곡하지 않을 수 있겠소이까?'라고 말했다."[70]

사마천의 '사기(史記) 손자오기열(孫子吳起列傳)'에 나오는 구절이다. 중국 고대 춘추전국시대에서도 완력적인 카리스마만이 통했던 것이 아니다. 오히려 감성적인 부드러움으로 어려운 난세를 다스렸던 것이다. 속칭 소프트 파워(soft power)에 의한 치세였다고 하겠다. 오늘날 세계는 군사력과 같은 하드 파워(hard power)보다 문화와 예술과 같은 부드러운 힘(soft power)[71]에 의해 결정되는 경우가 더 많다. 여성 리더의 감성적 리더십, 여초 시대에 의한 감성 보고에 의한 감성적 소통이 또한 소프트 파워(부드러운 힘)를 분출하는 원동력이 될 것이다.

어떤 의미에서 여초 현상은 우리나라의 새로운 미래를 대비하기 위한 황금시대(golden age)다. 왜냐하면 i) 신라가 선덕여왕을 계기로 삼한일통의 터전을 다졌듯이, 지금의 우리나라는 극동아시아의 선도 국가(leading nation)로 거듭날 수 있다. ii) 한류(韓流), 즉 한국 문화 흐름(Korea Cultural Stream)이 세계 문화의 메인 스트림(main stream)을 바꿀 수 있다. iii) 한국 사회 전반의 여초 현상(mega-female phenomenon)으로 인해 감성적 소통(emotional communication)이 확대될 것이다. iv) 이런 대세를 따르면 소프트 파워 강대국(super nation)으로 자리매김을 할 수 있다.

이젠 감정(성) 투자가 정답이다

우리나라의 사회 전반에는 큰 변화가 일어나고 있다. 권력, 무력, 경제력에 의한 강압적 카리스마로 움직였던 조직은 쇠퇴의 길을 걷게 되었다. 인권과 인격을 존중하는 원만한 소통과 토론에서 나온 일반 의지(general will)로 이끌어가는 부드러운 감성 시대다. 더 이상은 무력과 경제력에 의한 힘의 논리(power game)가 적용되지 않는다. 문화, 예술 그리고 인간성에 의하여 감성의 논리(emotional logic)가 살아 움직인다. 따라서 이젠 조직이란 유기체도 생명을 유지하려면 적어도 감성에 투자해야 한다. 감성 혹은 감정에 투자하는 것이 정답이다.

따라서 조직의 원만한 소통을 위해서, 필요하다면 서면 논리 보고서보다 비공식적이더라도 감성적인 구두 보고 혹은 대화 형식의 비논리적인 보고도 많이 유통하는 것이 보다 바람직한 감성 투자다. 조직 구성원들이 각자 감정 계정에 긍정적인 자산을 많이 쌓아야 부정적인 사회적 병리 현상이 적어질 것이다. 이런 신뢰 구축이 지속적인 확대 재생산을 통해서 사회적 자산으로 증식할 것이다. 우리 나라 감성적 정보 소통이란 어떤 면에서는 옛날 어르신들이 말씀하시던 인정머리가 있다는 뜻이다. 감성 보고서 한 장으로 상하 간은 물론 동료 직원들 사이도 찹쌀떡, 시쳇말로 '마음의 러브 샷'이 될 수 있다. 서로 얼굴을 맞대고 대화를 통

감성적 행동패턴	감성시대의 행동패턴 선호	
	상사(상관)의 선호순위	부하직원의 선호순위
쾌활하고 적극적임	1	1
쾌활하고 소극적임	2	2
침울하고 적극적임	3	3
침울하고 소극적임	4	4

해서 그리고 서로 신뢰를 쌓는다.

감성적 정보 유통으로 인하여 조직 내부에 신뢰를 쌓기 위한 골든 타임은 몇 배로 늘어날 것이다. 시시때때로 감성 보고가 수직적 그리고 수평적으로 유통된다면 신뢰 구축으로 생산성의 향상, 구성원의 화합, 조직의 응결력 등에도 향상을 가져올 것이다. 과거에는 보고받는 사람의 입장에서 골든 타임이 결정되었다면 이젠 다방면으로 평가된다. 정보 소통은 방향 역시 일방이 아닌 쌍방향으로 이어질 것이다.

감성 소통을 통해서 골든 타임을 만들 수 있는 기회를 간략히 말해도, i) 조직 구성원의 생로병사로 인하여 감성 소통의 계기가 생기며, ii) 사시사철 언제든지 날씨에 따라서도 정감을 교환할 수 있다. iii) 세상사에 의한 희로애락의 표현, iv) 장소에 따른 예의와 버르장머리 표현, v) 보고받는 사람의 취미와 기호 등에 따른 인정머리, vi) 보고하려는 조직원의 계기 마련에 따른 정보 유통이 이뤄질 수 있다.

감성정보 유통의 골든타임 만들기					
생로병사	시시때때	희로애락	장소 따라	상사 취향	계기마련
결혼(재혼)	비 오는 날	억울한 날	해변에서	애주가	생일파티
장례(기제)	눈 내리는 날	쓸쓸한 날	산정에서	애처가	축하파티
회갑(진갑)	바람 부는 날	슬픈 날	계곡에서	모창가	쾌유파티
생신	꽃 피는 봄	실패한 날	공동묘지에서	독서가	교육기회
출생	잎 피는 여름	축하받을 날	해외에서	서예가	해외여행
	잎 지는 가을	꾸중 들은 날	방콕에서	음악가	수상영광
	낙엽 길 걷기	개 박살난 날	홍콩에서	여행취미	
	달 밝은 가을	불행한 하루	하와이에서	등산대가	
	여름 별밤	왕따 당한 날	항공기내에서	상사의 가족	
	겨울밤	기분 나쁜 날		- 입학/졸업	
	눈 내리는 밤			- 출생/입원	

이상하게 들릴지 모르지만, 미국의 경쟁력은 인정머리에서 나오는 것 같다. 동료 직원 혹은 친구들 사이엔 우리나라보다 인정머리가 더 많다. 힘들어하는 동료 직원을 위해 장미꽃 한 송이와 위로 메모 쪽지를 전달하거나, 점심시간을 이용하여 브라운 백 미팅 혹은 캔맥주 파티를 연다. 심지어 하버드대학 MBA 과정엔 살벌한 500개 사례 연구가 있는 반면, 100회가량 다양한 파티(이벤트)가 열린다. 이렇게 서로 위로하고 격려함으로써 지구상에서 가장 치열한 학문의 격전지에서 모두가 살아남는다.

가장 마음의 위로가 되었던 동료 직원의 쪽지 글을 소개하면: "넌 재능이 있으니까 하는 일마다 잘 될 거야. 결국에는 모든 것이 좋아질 거야. 넌 잘하니까 모든 것이 잘될 거야. 걱정 마. 물로 씻은 듯이 깨끗하게 잘 정리될 거야, 두고 보라지. 넌 잘할 테니까. 눈물 닦아요. 다 잘 될 거예요. 공연한 걱정이야. 모든 일이 내일이면 척척 계획대로 될 거야. 걱정하지 마. 만사가 형통하게 하소서, 같이 기도드리지."[72]

지금도 뇌리에 생생하게 기억되고 있는 건 보비 맥퍼린(Bobby Mcferin)의 '걱정하지 마. 행복해질 거야(Don't Worry. Be happy).'[73]라는 가사를 적어 모두가 노래하면서 먹었던 햄버그 런치파티. "당신이 걱정한다면 얼굴이 찡그려지고, 그러면 모든 사람이 기운이 빠져 일도 안돼. 염려 마. 행복해질 거야……." 가사가 지금도 귓전을 맴돈다.

4. 감정 보고서로 소통한 사례

메모 쪽지 한 장으로도 충분

"오늘 10시경에 승진 대상자에 대한 부서장의 마지막 근무 평정 결과 조정 회의가 소회의실에서 있어요. 우리 부서에서 꼭 승진을 해야 할 사람이 있다면 살며시 포스트잇 작전을 부탁합니다."

"증인 100명인들 무엇하겠습니까? 사람은 모두가 각자의 이득에 관련하여 증언을 합니다. 그래서 진정성이 떨어집니다. 가장 진정성이 있는 것은 다름이 아닌 친필 메모 쪽지가 최고의 진정성을 갖고 있습니다."

첫 번째 대화의 내용처럼 근무 평정 결과 조정 회의가 진행되고 있었다. 평소에 열심히 일하는 여직원을 반드시 승진을 시켜야 한다는 마음에서 포스트잇에 직함(직명, 직급)과 이름 석 자를 메모하여 비밀회의를 하는 곳 입구 비서실 담당 직원에게 전달을 당부했

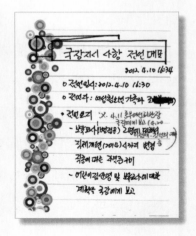

다. 마치고 나온 부서장의 말이 평소에 부탁한 것은 현장에선 까맣게 잊고 있었는데, 메모 쪽지가 오니 곧바로 행동 개시를 했다고 실토했다.

두 번째 대화는 대법원장을 역임하신 분의 말이다. 친필 메모 쪽지는 법정에서 진정성을 인정한다. 인간적인 감성을 전달하는데도 진정성이 높은 만큼 소통 진정성도 높다고 한다. 고령의 남성 부서장 중에는 사인펜으로 굵직하고 또박또박하게 적은 손글씨 메모 쪽지를 버리기가 아까워서 업무 수첩에 붙여서 기념으로 보관하시는 분도 많다. 구두 보고를 하면서 메모 쪽지를 내민다면 선물을 손에 쥐여 주는 것처럼 느껴져 믿음이 더 간다.

남성 상사(관)에게도 메모 쪽지 보고가 먹히는 이유는 i) 작고 앙증맞은 메모 쪽지라서 '단순함의 충격(simplification's impact)'이 가슴에 와 닿는다.[74] ii) 손으로 적은 글씨라서 정성이 녹아들었다. iii) 정식 서면 논리 보고서보다 읽는 부담이 적다. iv) 한눈에 들어오고 손에 쥐여 주기에 무슨 선물이라도 받은 기분이다. 이뿐만 아니라 여성 상사에게도 메모 쪽지 보고서가 먹힌다. 무엇보다도 여성은 시각적이고 감성적이기에 논리적인 보고서를 선호하지 않는다. 그뿐만 아니라, i) 한눈에 쏙 들어오는 것이 작고 앙증맞아서 작은 보석처럼 감동을 전한다. ii) 눈앞에 보이면서 손에 쥐여 주니 선물이라도 받은 기분이다. iii) 얼굴을 눈으로 확인할 수 있어서 대화(수다)를 나눌 수 있다는 것이 우선 즐겁다. iv) 서면 논리 보고서보다 읽고 생각하는데 부담이 적다는 것이다.

동서고금을 막론하고 과거 국왕들 앞에서 친전 조회를 할 때, 대신들은 한 사람도 빠짐없이 홀(笏)이라는 메모 도구를 손에 쥐고 직제 순서로 배열하여 있었다. 홀이란 메모 도구는 직급에 따라서 나무, 천, 상아 등으로 다양했다. 대부분 회의 안건, 지시 사항 등을 받아서 적었다. 조선 시대 어전 회의에선 도승지에서 기록관이 파견되어 일거수일투족을 기록하였으며, 이를 기반으로 사초(史草)를 만들었고, 몇 차례 수정·보완하여 조선왕조실록을 만들었다. 오늘날 청와대의 '받아쓰기 국무회의', '깨알 리더십', '수첩 인사' 등의 말도 메모하는 습관에 따른 것이다. 대통령의 감성적인 여성 특유의 리더십에 의해 단순하고 간명하게 의사소통을 하고 있다.

평소 보수적이고 무뚝뚝했던 대학 교수[75] 한 분이 종편 방송에 패널리스트로 참석하여 경험담을 말했다. 그는 아내의 60세 생일을 맞아서 생일 선물을 고민한 끝에 현금 200만 원을 주기로 했고, 은행 지점 안에 있는 ATM(자동지급기)을 털어서 현금 200만 원과 은행 봉투 4매를 갖고 사무실에 돌아왔다. 정성을 들여서 은행 봉투 넉 장에다가 '축생일'이라는 손글씨를 썼다. 유심히 바라보고 있던 20대 여직원이 "교수님, 뭘 정성 들여 쓰시는지요?"라고 물었다. 교수는 설명을 했고, 넉 장 중에 어느 것이 가장 좋은지 선택을 해달라고 했다. "교수님. 은행 봉투로는 부조도 하지 않는데 생일 선물 돈을 주시겠다고요?" 하면서 예쁜 메모지를 갖다 주고, "교수님, 평소 사모님께 드리고 싶었던 말을 네 줄 이상 적어보세요."라고 자문을 했다.

그래서 예쁜 봉투에다가 현금을 넣고 겉봉투엔 "여보, 탄신 60주년 진심으로 축하드려요. 그동안 우리 가족을 위해서 고생 많았어요. 당신 덕분에 우리 가정 편안해서 감사해요. 그래서 당신을 하늘만큼 사랑해요."라고 적은 예쁜 메모 쪽지를 붙여, 퇴근하여 저녁에 주었다. 참으로 신기했다. 우울했던 아내는 '종달새처럼 행복하다.'는 표현 그대로였다. 사흘날에 변한 사연을 물었다. "가슴 속에서 뭔가 뭉클한 감동이 샘솟듯이 자꾸만 올라오고 있어요. '축하해. 감사해. 고생 많아요. 사랑해.'라는 말이 끊임없이 눈에 어리고 있어요."라고 했다.

메모 쪽지 보고의 일화

"메모 쪽지 보고가 좋은 것은 시시때때로 할 수 있어서 좋다. 또한, 무거운 첩보가 아닌 가벼운 정보나 정감을 전달하기에, 받는 사람도 장소를 막론하고 꺼리지 않는다. 식사 시간 중에도 회의 석상에서도 메모 쪽지를 전달하는 것은 실례가 아니다. 그리고 행사에 기념품(타월 등)을 준비해서 행사에 대한 메모와 같이 전달해도 좋다. 더욱이 깊은 밤에 거나하게 술을 마셔도, 부탁할 사항을 냅킨에 메모하여 지갑에 끼워줘도 된다. 특히 부서장이 기관장에게 호되게 꾸중을 듣고 하루를 결근한 이틀날에 '○○○님, 힘내세요. 우리가 있잖아요! 직원 모두가'라고 대자보를 메모해 붙여도 좋다."

후배들에게 메모 쪽지 예찬론을 전하고 싶다. 사랑, 감동, 기쁨, 신뢰 등의 감성적 자산은 분배해도 줄어들지 않기 때문에 나눌수록 증가한다. "행복은 나눌수록 증가하고, 불행은 나눌수록 반감한다." 는 스페인의 속담처럼 메모 쪽지로 전달하는 감성(감동)도 배가한다.

축하, 감사, 기쁨을 전달하는데 연출이나 이벤트를 통해서 증폭하는 방법이 바로 메모 쪽지다.

승진을 축하하는데 꽃 한 송이와 정성을 담은 메모 쪽지로 축하의 뜻을 전한다면 배가될 것이다. 더욱 절친한 친구라면 휴게실에 풍선아트, 꽃다발, 축하 카드를 많은 동료 직원의 축하 속에서 전달하면서 박수를 쳐준다면 축하의 의미가 최고로 증폭될 것이다.

"시골에서 며느리를 잘 봤다고 늘 자랑만 하는 시아버지가 있었다. 어느 날 아들이 아내에게 아버지의 용돈을 주면서 아버님께 드리라고 부탁했다. 며느리는 시아버지께 용돈을 보태어서 드렸다. 할아버지는 며느리가 주는 용돈에 모아놓았던 돈을 보태어서 귀여운 손자녀석에게 줬다. 손자는 너무 많은 돈이라서 엄마에게 맡겼다. 아내는 남편에게 받은 돈만을 되돌려주고, 나머지 돈으로는 시아버지를 위해 반찬을 샀다. 나중에 온 가족이 이런 이야기를 나누면서 웃음

꽃을 피웠다."

어릴 때에 들었던 이야기다. 같은 선물이라도 한 사람의 손에 머물게 하지 않아야 한다. 선물은 몇 사람의 손을 거쳐서 전달의 기쁨을 배가시켜야 한다. 방문객에게 직접 필요한 것을 주기보다는 자녀용 학용품을 준다면 반드시 자녀들에게 전달하거나, 적어도 이웃집 학생에

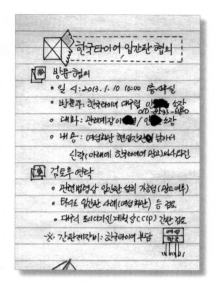

게 전달할 것이다. 전달 횟수에 따라 행복도 배가된다. 남성 고객에겐 여성용 선물, 여성에겐 남성용을 줘야 한다.

"과장님, 퇴직 안 하면 안돼요? 가지 마세요. 이 밥 안 먹을래요. 꼭 가야 한다면 죽어도 못 잊을래요." 여성 과장님이 퇴임을 앞두고 직속 직원들과 점심 회식 자리를 마련했다. 이때에 스케치북에 굵직한 매직으로 쓴 대자보다. 어린아이가 엄마에게 가지 말라고 떼를 쓰는 모습이 눈에 선한 표현이다. 모두 울면서 손과 팔로 하트 모양을 만들면서 사진을 찍었다.

남성 부서장도 "관리계장은 내가 노안으로 작은 글씨를 못 읽는 것을 알고 사인펜으로 큼직하게 메모를 해서 보고를 하는데."하고 부담 없이 읽고 버릴 수 있는 메모 쪽지를 바라고 있다. 여성 부서장에게도 민원 사건이 발생하면 곧바로 메모 쪽지로 핵심 혹은 요점만 적어

서 대면 보고를 해야 한다. 그렇지 않고서는 책임 소재를 반드시 따질 것이다. 서면 논리 보고서를 작성하려면 정보 수합, 분석 정리, 입력, 수정·보완 등을 거쳐서 몇 시간 작성해야 하는데, 그러다 보면 상부에서 문의 전화 혹은 감사실 등에서도 현장 조사를 나오는 등 문제가 증폭 혹은 확대될 수 있다. 그때까지 부서장이 몰랐다면 박살 나는 것은 당연하다.

"대형 사고가 터지면 사고 현장에서는 직원들이 거의 없고, 모두가 보고서를 작성한다고 사무실에서 문서 작업을 한다. 요약하고, 편집하며 디자인해서 보고서 한 장을 작성하느라 여유 인력이 없다. 그래서 사고 조치는 뒷전이다. 그래서 대형 사고의 위기관리

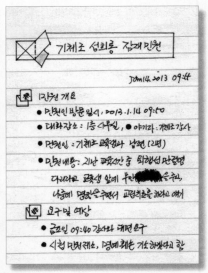

가 어려운 상황이다." 1998년도 전 행정자치부 장관인 김정길의 '공무원은 상전이 아니다.'라는 저서에서 공직 사회의 보고서 작성에 대한 '보고서 망국론'의 일부다. 서면 논리 보고서를 작성하는데 대형 사고는 뒷전으로 하고 상사(보고받는 사람)를 위해서 보고서 한 장 작성에 전력투구하는 모습은 어느 시대에서든 국민의 입장에선 참으로 한심함을 자아내게 한다.

사진을 활용한 각종 감성 보고

"사람은 눈으로 확인하지 않고서는 믿지 않는다. 그래서 가장 쉽게 믿게 하는 방법은 눈으로 보여주는 것이다. 따라서 보고받는 사람을 대동하여 현장 점검 혹은 사실 확인하는 것이 가장 확신하게 하는 방법이다. 그렇지 않고서는 사진이나 동영상을 활용하여 시각적 자료를 제공하여 확신하게 하는 방법이 가장 많이 활용되고 있다."

이와 같은 방법은 일반 사무직원보다도 현장 기술직원들이 주로 쓴다. 평소에 설계도, 조감도, 현장 사진(공사 전과 공사 후 비교), 혹은 동영상을 보여줌으로써 믿게 하고 있다. 그러나 사무직원도 회계 서류에 설치 전과 설치 후의 사진으로 비교하도록 만들고 있다. 여직원들은 사진을 활용하여 감성 보고를 하는 데 익숙하다. 출장 때에 현장 사진과 메모 쪽지로, 해외 견학 사진과 귀국 보고서를, 심지어 특정한 모임에 고위 간부가 참여했으면, 참여 현장 사진과 기념품 그리고 메모 쪽지를 보내서 보고한다.

여기에 한 수 앞선 여직원은 참여 사진을 사진 전문가의 손을 빌려서 현상하고 아름다운 액자를 마련하며, 감사 카드를 동봉하여 방문 전달을 한다. 책상이나 장식장 한가운데에 액자를 전시하기까지 한다. 여성 간부 직원의 책상 혹은 탁자 위에 사진 액자가 여러 개 놓여 있는 것을 보고 마치 충성 경쟁을 하는 듯한 느낌을 받았다. 자기 피알(PR)시대라고 한다. 피 터지게 자기를 알린다는 의미에서 피알(public relationship)인지 모르지만 "좋지 않은 결과가 예상

되는 건 분명히 피하고, 알찬 결과가 예상되는 것은 적극적으로 알려야 한다."는 뜻이다.

디지털 감성 보고를 적극 활용하자

"2011년 1월 15일 튀니지, 노점상을 하던 26세의 모하메드 부아지지(Mohamed Bouazizi)가 분신자살하는 장면이 트위터(tweeter)와 페이스북(face-book)을 통해서 전 세계로 전파되었다. 언론 통제를 통해서 23년간 정권을 유지해온 벤 알리 대통령은 망명하였고, 튀니지 국화의 이름, 재스민(Jasmine)을 딴, 재스민 혁명(Jasmine revolution)은 이웃 나라 이집트, 리비아 등으로 전파되었다. 국가 통제가 아무런 힘도 쓰지 못하고 무너지는 것을 보고 있던 북한 통치자들은 가슴앓이를 했을 것이다."

2011년 2월경 우리나라 언론에 하나같이 이와 유사한 논평을 내놓았다. 국가의 권력과 같은 하드 파워가 SNS 매체를 통해서 감성(공분, 군중의 소리, 평화를 희구하는 마음 등)을 전달하여 세계가 하나의 소프트 파워를 형성하고, 속칭 군사 독제의 군사력을 무력화하게 하였다. 어떤 최정예 군사 무기까지도 무력하게 녹여버리는 감성의 소통을 새삼 실감하게 하였다.

우리의 조직 사회에서도 과거 하드 파워를 중심으로 움직이던 서면 논리 보고에서 SNS를 통한 감성 보고로 의사소통을 확대하여 가야 한다. 민원 현장에 출장하여 현장 사진과 민원인의 요구 사항 등을 간략하게 요약해서 직속상관에게 카톡 보고(Katalk report)를 한다. 해외 공무 출장을 나갔을 때, 해변의 정경 사진이나 혹은 동영상과 감사의 말로 SNS 보고를 한다면 감정 계정에는 신뢰만이 축적될 것이다.

항 목	감성보고 활용사례
문자보고 (손 글씨)	SMS(short message sentence) 보고, 부재중 업무보고, 출장보고 등
현장사진 + 메시지(문자)	출장보고, 해외공무상 출장보고, 귀국보고
동영상(녹음) + 메시지(문자)	회의결과 보고, 행사결과보고, 재난초동 보고, 사고경과보고
그림(스케치) + 손 글씨	각종정보제공, 아이템보고

SNS 감성보고 사례

"지난 2014년 4월 16일 팽목항 세월호 침몰 사건 때, 상황 본부에서 카카오톡(kakao-talk)으로 지시하고, 보고를 했다. 그런데 업무 매뉴얼은 종이로 되어 있어서 아무런 쓸모가 없었다. 앞으로는 재난관리 매뉴얼도 카카오톡 혹은 SNS 버전으로 작성되어야 활용될 것이다."

지난 2014년 12월 초에 행정자치부에서 행정 정보 공유를 위한 현장 담당 직원을 소집하여 의견을 나눈 대화의 일부다. 아직도 종이 매뉴얼로 되어 있어서 쓸모없게 된 사례로, 금년도 5월 MERS 사건에서도 15일 이상 대처가 늦었던 것이다. SNS 보고는 신속성, 명확성, 간결성을 겸비한 의사소통 매체로 조직 내외에서 언제나 활용해도 적합하다. 국가 재난 관리에 적극 활용함이 바람직하다.

5. 비보 체계를 확립하라

개혁 군주 광종의 비보 체계

"앞으로 대신이 나에게 직언을 한다고 간언을 하는 자는 직위 고하를 막론하고 죽음을 면치 못할 것이다."

"전하, 신이 수수께끼를 하나 내볼까 하나이다."

"어서 내보내시오."

"이 대궐 안에 큰 새가 한 마리 있사온데, 이 새는 '3년 동안 날지도 않고 울지도 않사옵니다.' 대체 이 새는 무슨 새이겠나이까?"

"3년이나 날지 않았지만 한번 날면 하늘에 오를 것이오. 또 3년이나 울지 않았지만 한번 울면 세상 사람들을 놀라게 할 것이오. 이제 그대의 뜻을 알았으니 그만 물러가시오."

제나라 위왕이 3년간 주색에 빠져 국정엔 아예 손을 놓고 있어 순어곤이란 신하가 국왕에게 유머로 실상을 알아차리도록 한 말이다. 국왕은 알아듣고 곧바로 국정에 전념하여 자신의 말처럼 '딱 한 번 울어도 세상 사람들을 놀라게 하는(一鳴驚人)' 위업을 만들어갔다.

고려 왕조의 제4대 임금인 광종도 3년간은 "내가 뭘 알겠습니까?

대신들이 잘 아시니 알아서 하시오." 하면서 모든 것을 신하들에게 맡겼다. 그러나 신하들이 도리에 어긋나는 일을 하고 사익을 챙기는 것을 눈여겨봤다. 개국 공신과 호족들로 주변을 둘러싼 귀족들은 호색군주를 갖고 놀았다. 그러나 그는 겉과는 달리 제왕서인 정관정요(貞觀政要), 한비자(韓非子) 등을 탐독하였으며, 국내외 정세를 전달하는 정보 체계를 만들어 활용하였다. 후주의 쌍기를 비밀리 모시고 배웠다. 3년이 지나고부터 광종은 노비안검법과 과거 제도를 도입하여 호족들의 권한을 제한하였다. 이어 대궐을 증축하여 왕권 강화에 나섰다.

AD 949년 엄동설한, 대궐 증축을 위해 한 호족이 제공하는 저택을 임시 거처로 마련해 옮기는 날 밤, 거대한 연회가 개최되었고 국왕과 모든 친위대가 술에 곯아떨어졌다. 한밤중에 얼굴도 모르는 한 병정이 왕의 옷을 빼앗아 입고, 자신의 옷을 국왕에게 입힌 뒤, 데리고 온 사람을 따라 순식간에 비밀 통로로 빠져나갔다. 곧이어 병사들이 들이닥쳤고, 문마다 못질을 하며 불을 질렀다. 세인의 눈을 피해서 산속에 숨어있던 광종은 불타는 임시 거처를 바라보면서 비보 체계를 확립해 둔 것이 천만다행이었다고 생각했다.

황금 껍질 벗어던지기(金蟬脫殼)

"왕 장군, 후백제 견훤이 삼중으로 둘러싸고 있어서 여기서 살아 남을 순 없습니다. 저에게 장군의 옷을 벗어주시고, 후백제 병졸의 복장이니 갈아입으시어 옥체를 보전하시고 통일 대업을 반드시 완수하시기 바랍니다. 시간이 없습니다."

AD 927년 11월, 견훤 군사 10만 명이 서라벌을 분탕 치고 전리품을 갖고 돌아오고 있었다. 신라의 지원 요청을 받은 왕건은 급하게 정예 기마병 5,000명으로 친정에 나섰다. 후백제 견훤의 군병들이 회군하는 길목인 공산 동화사 입구에 매복하고 있었다. 그러나 중과 부적으로 세 차례나 진퇴를 하다가 그만 세 겹으로 둘러싸였다. 적군은 독 안에 든 쥐를 잡고자 조여들고 있었다. 신숭겸(申崇謙) 장군이 자신이 왕건 복장을 하고 대적을 했지만 한 사람도 살아남지 못했다. 왕건은 황금 갑주를 벗어던지고 후백제 병졸 복장으로 탈주하여 구사일생으로 성주 호족 벽진(壁眞) 장군의 진영을 찾았다. 모두가 입을 모아 "하늘이 국왕을 시험하신 모양이고, 당당하게 국왕 테스트에 장원급제했다."고 칭송하며 건토중래(捲土重來)를 외쳤다.

1979년 10월 26일 저녁, 세칭 10·26 사태 때에 비상 체계가 확립되어 있었다면, 사전에 국가 최고 지도자가 저격당하는 일은 예방할 수 있었을 것이다. 당시 청와대 주변의 보고 체제에 충성 경쟁을 시켜서 첨예하게 대립하였지만 서로가 상대를 예의주시하지 않았다. 위기관리 개념만 있어도 i) 대통령의 경호를 책임지는 경호실장이 권총을 소지하지 않은 사건, ii) 평소와 달리 정보부장이 권총을 소지하고 나온 사건, iii) 앞의 두 사건의 낌새와 주변을 탐지하여 대통령에게 비보(悲報)를 전달하고 피신하게 했다면 '찻잔의 태풍'으로 끝낼 수도 있었다.

2014년 4월 16일 세월호 참사나 2015년 5월 20일 MERS 사태도 평시 보고 체계를 밟아서 추진할 사안이 아닌, 비상 상황으로 상정하여 비보 체계(悲報體系), 혹은 급보(急報)내지 직보(直報)를 했다면 최소 비용에 최대 효과를 올렸을 것이다. 적어도 2003년 사스(SARS) 대응처럼 국제보건기구에서 수범 사례가 되었을 것이다.

살아남기 위해선 삐뽀삐뽀!!!

"난 나폴레옹이다. 내가 살아남는 비결은 다름이 아니다. 나쁜 소식(비보)는 누구든 얼굴조차 모르는 말단 직원이라도 좋다. 언제든, 내가 정사를 보는 시간에도 좋다. 어디서든, 내가 화장실에 용변을 보는 곳이라도 좋다. 일 초도 지체 없이 내게 직접 보고해라. 이렇게 하면 일절 묻지 않겠다. 그러나 좋은 소식을 늦어도 좋다."

1815년 6월, 나폴레옹은 이제까지 살아남은 것은 모두가 비보 체계를 잘 가동했기 때문이라고 믿었고 다시 한 번 더 장병들에게 당부했다. 워터루 전투(battle of Waterloo)를 앞두고 전운이 이상하게 돌아가고 있어 전황을 모르고 적군에게 당할 것만 같았다. 결국은 그는 전황을 몰라 패전했고[76], "5분만 먼저 알았다면 전투에 참패는 하지 않았을 것인데……."라는 아쉬움을 가슴에 안고 코르시카 섬으로 귀양 가는 신세가 되었다.

"오늘날 소방 차량, 병원 응급 차량, 경찰 긴급 출동 차량 등에서 경보음이 삐뽀삐뽀 하는데 그 이유는 비보(悲報), 비보(秘報) 체계를 확립해야 살아남는다는 말이다. 많은 지도자들이 자신이 잘난 것만 믿다가 저 소리를 침대에서 들으면서 죽어간다."

지난 1999년 7월, IMF 외환 위기로 공무원 20만 명을 구조 조정하여, 기능직 운전사를 하다가 해직당한 직원의 하소연이다. 유머로 흘려들을 것이 아니다. 아무리 잘난 지도자라도 나쁜 정보는 평시의 정식 보고 체계를 무시하고 신속하게 직접 보고하도록 해야 한다. 그렇지 않고서는 조직적 적반하장 혹은 하극상의 비상사태를 막을 수 없다.

특히 오늘날은 지식 정보의 시대다. 정보의 비대칭 현상은 곧바로 권력(force)의 괴리 현상으로 이어진다. 조직력은 때로는 물과 같다. "물은 배를 띄우기도 하지만 배를 뒤집기도 한다."는 옛 선인들의 말을 귀담아들어야 한다. 조직에서 지도자를 빠뜨릴 수 있는 함정은 수없이 많다. 역대 장관들 모두가 말하는 '스케줄의 함정', '인의 장막', '정보의 함정'에서 벗어나기 어려울 것이다.[77] 이것을 벗어나게 하는 것이 바로 비보 체계의 확립이다.

에필로그

"태초에 우주를 날아다니던 통나무 한 토막이 지구촌에 굴러떨어졌다. 어느 할아버지가 나무를 깎아 하늘을 받치는 기둥(log)을 세웠다. 누군가 무엇이라고 중얼거리면서 그 기둥에 북극성을 그렸다(logos). 이삭 뉴턴은 막대기를 숫자만큼 그려댔다(logarithms). 그런데 이상하게 요사이 젊은이들은 정보의 바다에 그 기둥을 띄워 파도타기(logging-in)를 한다니!"

통나무에서 학문이 나오다

지구촌에 인류가 출현하고부터 인간은 지혜를 후손에게 전하고자 노력했다. 지워지지 않도록 동굴 벽에다가 그림을 그렸고, 점토를 이겨 점토판을 만들어서, 거기에 계산도 하고 의견을 적어서 전했다. 유치원에서 보내는 가정 통신문도 점토판으로 되었을 것이다. 점토판은 세월이 지날수록 단단해져서 돌처럼 굳어졌다.

어느 날 할아버지가 사냥을 나갔다가 앞길을 막고 있던 통나무

(log)를 주워와 동굴 앞에 갖다놓았는데, 맹수가 밤새 울부짖고 동굴 위에서 체중을 실어서 쿵쿵거렸다. 밤새 맹수의 포효에 밤잠을 못 잔 식구들을 위해서, 할아버지는 나무토막을 바위에 문질러 깔끔한 모양으로 만들어서 동굴 앞 광장에서 세웠다. '하늘을 받치는 기둥'이라고 하면서 가족의 평안과 부족의 안녕을 빌었다.

기둥에 낙서하는 것에서 로고스(학문)의 탄생

이렇게 시작한 기둥은 신전이 되었고, 항해하는 어부들에게는 돛을 다는 돛대가 되었다. 인간을 깨끗한 기둥에 낙서를 시작하였다. 항해하면서 나가는 방향 혹은 바람이 부는 곳을 알기 위해서는 북극성이 기준이 되었다. 돛대에 별을 그렸고, 신이 인간에게 전하는 신탁을 기둥에 적었다. 여기서 학문(logos)이 시작하였다. 학문의 도구로 비유, 논리, 수사, 수리가 발견되었다. 그중에서 논리(logic)는 수학과 과학의 범위를 확장시켰다. 아이작 뉴턴이 대수학(loga-rithms)을 발견한 것도 통나무에 숫자만큼 막대기를 표시하는 데에서 시작했다.

논리는 오늘날 우리가 의사소통을 하고, 학문의 기초를 제공하는 단편적 지식인 정보를 제공하였다. 정보가 결합하여 지식을 만들었다. 지식은 역사성과 전통성을 지녔을 때, 체계적으로 결합하여 학문으로 발전한다. 그래서 '학문이란 역사성과 전통성을 지닌 체계화

된 지식'이라고 정의할 수 있다.

이론 논리의 발전은 정보를 의사전달에 한정하지 않고 조직 내부의 소통 매체인 보고서를 만들었다. 단순한 정보가 아닌 조직의 발전을 위하여, 필요한 아이디어나 아이템을 첨가하는 첩보로 제공되어 정책 입안의 실마리가 되기도 한다.

과거는 편지 형식으로 정보를 전했으며, 눈으로 확인하여 믿도록 하고자 현물을 보여주었다. 전쟁에서 장수가 자신의 전공을 입증하기 위해 수급 상자와 장계를 국왕에게 보내, 장계를 읽으면서 적군의 머리수를 직접 두 눈으로 확인하도록 하였다. "말을 하면 이해를 할 수 있다. 보여주면 믿을 수 있다. 또한 참여시키면 감동을 한다."는 인디언의 속담을 보고서에서도 활용하였다.

여초 시대의 감성 보고서

우리나라도 2016년부터 새로운 신기원을 연다. 공무원 조직의 구성원에 여성이 남성을 초과하는 여초 현상(女超現象)이 생긴다. 따라서 집단 사고방식에도 큰 변화가 생길 것이다. 논리적 사고방식이 지배적이었으나 앞으로는 여성 특유의 감성적 사고방식이 지배할 것이다. 따라서 서면 논리 보고에서 대면 감성 보고로 변할 것이다. 과거에도 감성 보고가 없었던 것은 아니지만, 여초현상에 힘입어 새로운 첨단 정보통신기술인 SNS를 매체로 디지털 감성 보고가 주류

(main stream)를 이룰 것이다. 여기에 우리나라는 지난 2013년 2월 25일, 박근혜 정부가 출범함으로써 여초 현상을 앞당겼으며, 사회 전반에 감성적 변화를 촉진하고 있다.

지난해 4월 16일, 세월호 침몰 사건으로 서면 논리 보고서의 문제점을 드러냈고, 카카오톡으로 현장 지시를 하고 상황 보고를 한 것에 착안하여, 국가재난관리 매뉴얼도 카카오톡(디지털) 매뉴얼로 변혁해야 한다. 금년 5월 20일, MERS 사태를 온 국민이 지켜보면서 새삼 SNS 감성 보고의 필요성을 느꼈다.

여초 현상에 따른 감성 보고서에 대한 용어는 처음으로 사용하였기에 많이 어색할 것이며, 기존 서면 논리 보고와 상충되는 문제점도 있을 것으로 생각한다. 너무 길면 잘라내어야 하고, 너무 짧다면 보태어야 한다. 즉 절장보단(絶長補短)의 과제를 남기고 끝을 맺는다.

2016. 1.

국정원. 해킹 프로그램 사건으로 인한 담당자의 자살 소식을 들으면서

이대영/박성철

참고 자료

보고서 논리 체계의 타입(스타일)

ㅇ 사업 개요, 지금까지의 성과, 추진 계획(추진 일정 등), 기대 효과, 향후 발전 방향

ㅇ 목표(목적), 방침(방향), 세부 추진 계획(장·단기별 수립 추진), 행정 사항

ㅇ 목표(과정), 추진 과제(장·단기 구분, 운영의 활성화, 행정(협조) 사항)

ㅇ 배경, 방침, 중점 추진 실천 과제, 세부 추진 계획, 행정 사항(추진 사항)

ㅇ 대상(對象), 절차, 요령, 사후(결과) 조치

ㅇ 현황(개요), 지금까지 운영상의 문제점, 개선 방안, 조치 사항

ㅇ 현 실태, 그간의 추진 상황(경위), 앞으로의 추진 계획

ㅇ 보도 매체, 보도 요지, 보도 사실 확인 결과(검토), 금후 조치 계획(신문 보도 등)

ㅇ 민원 요지(인적 사항), 처리 경위, 조치 계획, 관계 법령, 기타 참고 사항(민원 접수 처리)

ㅇ 현황 및 현 실태, 반성 및 교훈, 개선 방향, 향후 추진 계획

ㅇ 배경, 입지 여건, 개발 방향(주요 기능), 개발 계획(개요, 시설 구성), 추진 계획(그간의 추진 상황, 향후 추진 계획)

ㅇ 의의(개념, 필요성, 특징, 형태), 장·단점(긍정적, 부정적 측면), 유형별 분석·검토, 문제점과 개선 방안

ㅇ 사업 개요(목표, 방침, 사업 내용, 기대 효과), 세부 추진 계획(지금까지의 추진 현황, 추진 일정, 향후 추진 계획), 추진 상황 분석 및 지속적인 추수관리(追隨管理))

ㅇ 추진 일정, 시책 및 사례 내용, 시행 효과

ㅇ 현황, 문제점(개선 요구), 의견 및 대응 논리

ㅇ 지시 사항, 추진 배경(방향),중점 추진 과제, 분야별 추진 계획, 행정 사항

○ 현황, 그간의 추진 상황(실적), 금(향)후 추진 계획

○ 현황(현 실태) 및 문제점, 향후 여건 및 전망, 추진 사례 발굴(개선) 추진, 특수 시책,

　시범(우수) 사례, 지금까지 드러난(도출된) 문제점, 개선 방안 및 대책(대안)

○ 사업 개요, 그간의 추진 실적, 행정(협조) 사항

○ 현재의 실태, 향후 상황 변화 예측, 대응 방향

○ 목적(의의, 실태), 기본 방향, 추진 계획, 기대 효과(성과)

○ 목적, 추진 방침, 세부 추진 계획, 행정 사항

○ 개최 배경 및 경위, 개최 계획, 세부 일정, 준비 사항

○ 목적(배경), 방침(방향), 추진 체계, 중점추진, 실천 과제, 행정 사항

○ 과제 역할, 추진 방향, 중점 추진 과제, 세부 과제 별 추진 계획, 행정 사항

○ 목표, 방향, 추진 체계, 추진 방법, 세부 추진 사업, 행정 사항

○ 개요, 그간의 추진 실적, 참가 계획, 봉사 활동 일정표, 장·차관님 하실 일

○ 개요, 협의 안건 토의(토의 내용, 토의 결과), 종합 토론, 개회 효과, 건의 사항

○ 시책·사업 개요(추진 배경 및 경위, 목적 및 기대 효과, 주요 내용), 추진 계획 및 실

　적, 평가 의견 및 향후 계획(추진 성과, 효과, 향후 과제)

○ 현황, 문제점, 개선 방안, 필요 조치 사항 및 추진 일정, 관계 기관 의견 개진

○ 조치 계획, 조치 실적, 향후 조치 계획, 건의 사항

○ 현황 및 실태(필요성), 발전 과제(검토 방향)

○ 목적(의의), 추진 배경, 주요 내용, 성과·반성

○ 현황 및 문제점, 개선 방안, 조치 계획(추진 개요, 기본 방향, 추진 계획 등)

각종 보고서 서식

○ 사업 계획 보고서

(2015.7.17. 신년도 사업 계획 보고, 기획실)

○○ 사업 기본 계획 보고(지침시달)

취지 박스: 목적, 취지, 요약, 경위

□ **보고 개요**
 ○ 보고 목적 및 필요성
  – ○○○○
 ○ 진행 경과

□ **현황 및 문제점**
 ○ 실태
 ○ 원인 분석
 ○ 지금까지 대응 사례

□ **정책 수단과 대안**
 ○ 정책의 대상 및 소요 예산
 ○ 정책 대안
 ○ 예상 효과

□ **추진 계획**
 ○ 정책 집행 계획
 ○ 정책 홍보 관리 계획
 ○ 정책 품질 관리 계획

□ **건의 및 제안**
 ○ 건의 사항
 ○ 제안 사항

– 1 –

○ 조정 방안 검토 보고서

(2015.7.17. ○○에 대한 조정 검토 보고, 기획실)

○○ 조정 방안 검토 보고

취지 박스: 목적, 취지, 요약, 경위

□ **보고 개요**
　○ 보고 목적 및 필요성
　　– 논점과 문제 상황
　○ 진행 경과
　　– 사업의 진행 상황 설명

□ **현황 및 문제점**
　○ 실태
　　– 의견 대립 및 갈등 상황

□ **대안분석**
　○ 조정을 위한 대안
　　– 각 대안의 장단점 비교 분석

□ **건의 및 제안**
　○ 최선 방안 및 그 선정 사유
　　– 최선 방안의 내용
　　– 선정된 사유 기술

□ **향후 계획**
　○ 조정의 기본 전략, 일정표 등
　○ 홍보, 법령 개정 혹은 소요 예산

(2015.7.17. 미담 사례 보고, 기획실)

○○ 미담 사례 보고

취지 박스: 목적, 취지, 요약, 경위

□ 보고 개요
ㅇ 보고 목적 및 필요성
 − 미담 사례 보고의 취지 및 배경
 ㅇ

□ 현황 및 문제점
ㅇ 실태
 − 실시 결정 당시 상황과 배경
 − 실시 당시의 갈등 양상, 문제점과 해결 방안
 − 미담 사례의 효과 분석(긍정적 효과/부정적 효과)
ㅇ 수혜 주민 및 전문가 의견
 − 수혜 주민의 의견
 − 관계 전문가의 의견
 ㅇ

□ 시사점
ㅇ 정책 제안
 − 정책에 대한 시사점
 − 정책 도입에 대한 전문가 의견
ㅇ 행정 접목과 교훈
 − 정책의 한계와 불확실성(법령 정비, 조례 개정,
  예산 확보 등에 어려움)
 − 기대 효과 및 부작용

− 1 −

○ 상황 보고서

(2015.7.17. ○○○ 상황 보고, 기획실)

○○ 긴급 상황 보고(09:30 현재)

도입: 간단명료하게 전반적인 내용 요약
    (육하원칙, 가장 관심 사항을 중심으로)

□ **MERS 전염병 긴급 사태**
  ○ 실 태
  ○ 현황 및 문제점
  ○ 예상동향
  ○ 관련 상황
    − 중요 사항, 관심 사항을 앞으로 배열
    − 전체적 논리와 통일성 유지
    − 객관적 표현과 정확한 용어와 단문
    − 한 문장이 2~3줄 이내로 간략히 기술

□ **대응방안 및 결론**
  ○ 평가
    − 객관적 평가와 실현 가능성
  ○대책 및 대응 방안
    − 수요 주민의 적시성
    − 관련 통계 자료 및 현장 사진
  ○ 조치 의견
    − 수요 주민의 의견(요구)
    − 전문가의 의견(법적 조치)
  ○ 고려 사항
    − 소요 예산 및 법령 개정(제정)

− 1 −

○ 회의 보고서

(2015.7.17. ○○ 회의 결과 보고, 기획실)

○○ 회의 결과

Ⅰ. 회의 개요
  ○ 목적 및 배경
  ○ 일시 및 장소
  ○ 안건:
    –
  ○ 참석자:
    – 배석자
    – 보조자
  ○ 진행 경과

Ⅱ. 회의 결과
  1. 안건명
    □ 논의 사항 요지(결정 사항 등 요약)
    □ 참석자 주요 의견
      ○ (   ) 국장
        – 이견 등 발언 내용 간략히 기록
        – 특이 사항 요약
      ※ 조치 사항(예산 편성, 법령 정리, 추후 조치)
  2. 안건명
    □ 논의 사항 요지
    □ 참석자 주요 의견

    ※ 별첨: 1. 회의 자료
            2. 상세한 발언(요약, 녹취록)

– 1 –

---

198 감성보고서 마술을 펼치다

○ 행사 계획 보고서

○○ 행사 계획

지시 사항 및 행사 검토 보고 사항 요약

---

1. 목적 및 추진 방향
  ○

2. 사전 준비 사항
  ○

3. 행사 계획

  □ 행사 개요
  ○ 일시:
  ○ 장소:
  ○ 주관:
  ○ 참석:
  □ 시간 계획

시 간	행사 내용	진 행

  □ 기대 효과
  ○

4. 추진 방안 검토
  □ 1(안)
  ○
  □ 2(안)
  ○

보고서 작성 요령

- 지시를 정확하게 받았는가? (목적, 방향, 배경, 기한, 중간보고, 문제점 등)

- 보고받을 사람의 관심 사항을 정확하게 파악했는가?(이슈, 사건, 화제, 해당 정보 등)

- 보고할 핵심 사항을 파악했는가? (목록 작성, 우선순위, 중요도, 시급성 등 분석)

- 정보를 수합할 사항을 목록으로 작성했는가?(문헌 정보, 휴민트, 오신트 등)

- 정보 수합의 방법, 수합할 정보 내용, 수합 정보의 활용에 법률 검토(legal check)를 했는가?

- 수합한 정보에 대해서 사실 확인(fact check)을 했는가?(인터뷰, 녹화, 동의서 등)

- 수합된 정보의 분석, 정리와 아이디어를 추가하여 합법적으로 처리했는가?

- 정보에서 정리한 자료 작성, 대장 등록, 보관 등 서증으로 진정성 확보했는가?

- 정리된 정보(자료)를 토대로 곧 바로 보고서 초안 작성하는가?

  ※ 초안은 쓰레기에 지나지 않는다(The first draft is the same of waste). 헤밍웨이

- 초안을 자르고, 고치고, 바꾸며 몇 차례 수정·보완 작업을 하였는가?

- 동료 직원의 의견, 전임자 및 상사의 의견을 반영해 다시 수정·보완했는가?

- 대안 강구에 최악을 대비한 최선책을 강구했는가?

- 명문은 재작성에서 태어난다니 결론이 뒤집히는 것도 즐기는가?

- 보고받는 사람의 입장에서 몇 번이고 다시 보고 고쳤는가?

- '엿장수 가위치기'가 보고받는 사람의 마음이라는 사실을 아는가?

- 보기 좋은 떡이 맛이 좋고, 형식이 강한 군대가 강하다는 사실을 적용했는가?

- 처칠 수상은 독일과의 전쟁 중에도 보고서의 오·탈자 확인과 요약을 지시했는데?

- 보여주면 믿게 되고, 함께 참여시키면 감동하는데, 그렇게 준비했는가?

- 수학의 매춘부 통계 활용과 미니스커트 차림의 보고서로 마련했는가?

- 한 장에, 한 문장 하나의 메시지, 한 문장은 3줄 이내 혹은 40 단어 이내인가?

- 문장은 사람의 마음 표현, 긍정적인 표현과 감성어(구체적)를 활용하였는가?

- 시각적인 자료를 활용(도표, 사진, 동영상 등)한 입체적인 보고서인가?

- 2면 이상이면 요지, 4면 이상이면 쪽 번호를, 10면 이상이면 목차를 만들었는가?

- 보고받은 사람의 손에 쥐어 줄 것을 마련했는가?(첩보 사항이 있는가?)

- "내가 뭘 해야지?" 혹은 "내게 왜 보고하는가?"라는 질문을 받는다고 생각했는가?

- 건의와 결론이 명확하게 있는가? 조건부 대안 제시까지 생각했는가?

- 각 대안에 장단점 분석 등 종합적인 견해에서 최선 방안을 선정했는가?

- 찬성 논리보다 반대 논리, 회색 논리, 대응 논리 등을 다 짚어봤는가?

- 보고하기 5초 전까지 지속적으로 수정·보완하였는가?

- 보고의 골든 타임(golden time)을 선택했는가? (보고받을 사람의 상황 및 분위기 등)

- 보고할 때에 들고 갈 준비물(시청각, 현품 등)을 챙겨봤는가?

- 보고 후 조치 사항을 이행하고 종료 보고를 했는가?

읽기 쉬운 보고서 쓰기 비결[78]
(How to write an easy-to-read report)

느낌		이래서 읽기 어려워요.	이렇게 고치시면 좋아요.
읽기 어려움	간결함이 미흡함	문장이 너무 길어요.	문장 하나에 하나의 메시지만 담으세요.
			접속사를 지워요. 그리고 단문으로 써요.
		필요 이상의 단어가 많아요.	상투어, 간투사, 관용구를 지워요.
		어투가 식상해요.	같은 말, 같은 뜻은 중복하지 말아요.
		무슨 내용인지 모르겠어요.	핵심을 꼭꼭 찍는 개조식 문장으로요.
		과공비례(過恭非禮)요.	존경어, 극존칭은 문장에서 빼요.
		논점이 드러나지 않아요.	초점을 분명하게 드려내요.
		얼개(구성)가 분명하지 않아요.	'기승전결'등 체계를 분명하게 해요.
		뜻한 바가 뭔데요?	주어를 분명히 드러내요.
			육하원칙(5W1H)원칙을 지켜요
			구두점을 적절하게 찍어요.
			적합한 조사를 찾아서 써요.
		꾸밈말이 너무 많아요.	허풍도 과장도 하지 말아요.
		리드미컬한 느낌이 전혀 없어요.	꼬리치게 문장 끝부분에 변화를 줘요.
			장문과 단문의 조화 혹은 균형을 유지해요.
		너무 줄였어요.	전략, 중략, 후략된 것을 살려 보완해요.
어려워요	평이함이 미흡함	난해한 단어가 많아요.	한자 용어, 외래 용어는 풀이해요(註).
			자기 PR, 과시하는 모양새는 금해요.
		유체이탈 어법이에요.	제3자가 말하듯이 표현하지 마세요. 확신감과 책임감을 주는 표현으로 바꿔요.
		번역체의 표현이 마음에 걸려요.	'~에 있어서' 등의 표현은 바꿔요.
		한자어가 너무 많아요.	우리말로 고치면 좋아요. 꼭 필요한 한자는 괄호 안에 넣어요.
		문어체로만 되어 있어요.	박학다식하다고 거드름피우지 마세요. 대화체로 바꿔 긴박감을 줘 봐요.
		문맥이 혼란스러워요.	뜻을 명확하게 전달하는데 신경 써요. 몇 번 읽어보고 문맥을 살려요.
		'곶감 접 말'하는 느낌이에요.	같은 말, 같은 의미의 문구 등을 없애요. 같은 내용을 내포하고 있는 문장도 없애요.

복잡함	나쁜인상	패러그래프(문단)가 너무 길어요.	문단의 문장 길이를 짧게 줄여보세요. 엔터키를 쳐서 문단 바꾸기를 해요.
		구두점이 적어서 읽기 어려워요.	긴 문장에는 반드시 구두점을 찍어요. 낭독해보고 호흡에 맞게 찍어요.
불신함	틀렸음	틀린 한자 혹은 영어가 있어요.	확인하여 바로잡거나 풀이말로 바꿔요.
		관용구(사자성어),속담이 틀렸어요.	확인하고, 정확한 것으로 바꿔요.
		잘못된 정보(지식)이 있어요.	기억으로 적지 마세요. 확인해 주(註)를 달아 출처를 밝혀요.

보고서 최종 점검표(check list)[79]

점검 항목	세부적 점검 사항	점검
전체 이미지	전체 분량이 적합?(너무 많다/빈약하다/적합)	
	주제와 부제의 적합?(목적을 나타내는지)	
	목차만으로 일목요연한 파악이 가능?(논리적 흐름)	
지면 이미지	제목 및 소제목의 적정함(내용에 부합도)	
	레이아웃(배치, 여백, 행간, 자간 및 폰트 등)	
	시각적 자료의 필요성 및 배치(도표, 사진 및 인포그래픽)	
내용의 명확성	문제 의식과 문제 해결이 목적에 부합 여부	
	과장성이나 독선적인 표현 여부	
	실황 설명의 자료가 적합 여부	
	내용을 객관적으로 접근해 분석 여부	
	개인적 논리 전개로 독선적 표현 여부	
	빙빙 돌려서(우회적) 접근하지 않는지?	
	과공비례(過恭非禮) 혹은 웃음거리?	
	적합하고 명쾌한 용어 선택	
	개조식으로 고치면 더 명확하지 않을까?	
	행을 바꾸고, 문단을 바꾸면 좋지 않을까?	
	허풍 혹은 과장이 심한 표현?	
	오자(한자, 영어, 외래어) 여부 확인, 어투(문어/구어) 확인	
	중어부언(重語附言), 같은 표현의 중복 등	
	시각적 자료가 더 좋지 않을까?(도표, 사진, 조감도 등)	
	시각적 자료의 표현 방식이 최선인지?	
	자료에 설명(캡션)하거나, 불필요한 것은?	
	출처, 조사 일시, 인터뷰 등을 명시?	
	'긁어서 부스럼(불필요한 것)' 만드는 건 아닌지?	

끝으로 한 번 더	실익을 수치화, 구체화하여 손에 잡히게 표현했는지?	
	읽기에 거침(막힘)이 있는가?	
	수치, 시각 자료 및 기타 자료 확인	
	내용, 분량 및 수준에 과함/부족함이 없는지?	

보고서 평가 매트릭스(Matrix)[80)

평가 항목	세부 평가 사항	평가 (A~D)
목적 적합성	• 보고 목적과 취지에 적합 • 이슈와 주제가 보고받는 사람에게 가치와 충분 • 보고받는 사람에 대한 고민과 토의 • 목적과 주제가 보고받는 사람에게 공감 가능	
내용 정확성	• 이해단체에 대한 선입견을 완전 배제 • 애매하고 혼란스러운 용어 배제 • 이해 당사자의 균형 감각 유지 • Fact Check로 사실에 기초하여 정확	
간결 명료성	• 많이 담아보려는 욕심 배제 • 불필요한 미사여구나 수사 피함. '매우, 극히' 등 • 지나친 압축과 왜곡 배제 • 시제와 주어가 혼동되지 않음. '~하였음.'	
이해 용이성	• 전문 용어, 한자, 외래어 사용 지양 • 논리 비약 금지, 단계적, 체계적으로 전개 • 필요한 예시(사례) 제시 • 그래프와 그림으로 구체화 • 내용을 상세하게 포괄하는 소제목 붙이기	
문장 완결성	• 더 이상 빼고 더 할 수 없음 • 보고받는 사람의 입장에서 체크 • 동료 직원, 타부서 및 전문가의 자문과 점검 • 지식, 경험, 의견을 수렴하여 녹여낸 보고서	
타 이 밍 (timing)	• 보고받는 사람이 필요한 시점에 보고 • 최적 시점 탐색(구두 보고로 사전 보고 시점 탐색) • 행사 보고는 행사 전날, 검토할 것은 여유 시간 고려	

미주 및 참고 문헌

1) 위키피디아, 세월호 침몰 사고의 책임: "대한민국의 제18대 대통령 박근혜는 세월호 침몰 당일인 2014년 4월 16일 오전 10시부터 2014년 4월 16일 오후 5시 15분까지 약 7시간 동안의 행적과 관련하여 비판의 대상이 되었다. 2014년 4월 16일 오전 10시는 박근혜가 세월호 침몰 소식을 처음 보고 받은 시각이고, 2014년 4월 16일 오후 5시 15분은 박근혜가 중앙재난안전대책본부를 방문한 시각이다. 청와대는 '그 7시간 동안 대통령은 청와대 경내에 있었고 모두 18차례 세월호 침몰 사고와 관련한 보고를 받았으며 오전 10시 15분과 오전 10시 30분 두 번에 걸쳐 구조 지시를 내렸다'고 밝혔다. 하지만 박근혜가 중앙재난안전대책본부를 방문했을 때 "학생들이 구명조끼를 입었다는데 그들을 발견하거나 구조하기가 힘이 듭니까?"라고 엉뚱한 질문을 하는 장면이 뉴스로 공개된 바 있다." 2015. 7. 8. 〈https://ko.wikipedia.org/wiki/〉

2) Genesis 1:1~5: "In the beginning God created the heavens and the earth. Now the earth was formless and empty, darkness was over the surface of the deep, and the Spirit of God was hovering over the waters. And God said, "Let there be light," and there was light. God saw that the light was good, and he separated the light from the darkness. God called the light "day," and the darkness he called "night." And there was evening, and there was morning—the first day."

3) Genesis 2:4: "These are the generations of the heavens and of the earth when they were created, in the day that the Lord

God made the earth and the heavens."

4) 연합뉴스, 2015. 1. 29.: "지난 26일 수석비서관 회의에서 '우문현답(우리의 문제는 현장에 답이 있다)'을 언급하며 '내가 대학생, 구직자, 기업인이라는 역지사지 자세로 핵심 과제 현장을 잘 챙겨 달라.' 고 당부했다."

5) Say, I understand. Saw, I believe. Inclusive, I empathize.

6) Ende gut, Alles gut.

7) Numbers 13:26~27: "And they went and came to Moses, and to Aaron, and to all the congregation of the children of Israel, unto the wilderness of Paran, to Kadesh; and brought back word unto them, and unto all the congregation, and shewed them the fruit of the land. And they told him, and said, We came unto the land whither thou sentest us, and surely it floweth with milk and honey; and this is the fruit of it."

8) Genesis 8:8: "Then he sent out a dove to see if the water had receded from the surface of the ground."/ Genesis 8:11: "When the dove returned to him in the evening, there in its beak was a freshly plucked olive leaf! Then Noah knew that the water had receded from the earth."

9) Obama sings Amazing Grace in Clementa Pinckney eulogy: "26 Jun. 2015, Charleston, South Carolina (CNN) President Barack Obama delivered a touching……. eulogy, a rousing political speech and a thoughtful meditation." www.cnn.com/2015

10) 錦囊妙計: 〈三國演義〉第五十四回 吳國太佛寺看新郎, 劉皇叔洞房續佳偶. 劉琦病死, 東吳立即派魯肅出使劉備, 以弔喪為名討還荊州. 在諸葛亮的運籌和安排下魯肅此行的目的未達到, 只討回一張如同廢紙般的文書. 上面寫了"暫借荊州, 以後交付"的空話, 魯肅被逼無奈, 還與劉備, 諸葛亮三人一起在文書上畫了押. 周瑜對這一結果切齒頓足. 正在這個時候, 荊州方面傳來劉備甘夫人去世的消息, 周瑜一聽, 喜出望外. 他立即設計了一個利用孫權之妹招婿並軟禁劉備為人質, 進而要挾諸葛亮等交還荊州的騙局. 當魯肅帶著周瑜這封信見到孫權以後, 孫權立即批准了周喻的計劃, 並指派呂范前往荊州提親. 劉備清楚周瑜的用心, 面有難色. 諸葛亮卻穩操勝券, 力勸劉備答應這門婚事. 他充滿自信地對劉備說: "周瑜雖然頗能用計, 但他總難出我諸葛亮所料. 只要我略施小計, 管保令周瑜一籌莫展. 我保證主公既得嬌妻, 荊州又萬無一失."建安十四年(209年)冬十月, 在一切準備停當之後, 諸葛亮特派大將趙雲帶領500軍卒陪劉備往東吳結親, 出發之前, 諸葛亮交給趙雲三個裝有妙計的錦囊並讓他貼身收藏好, 又如此這般地交待了一番. 劉備一行到達東吳時, 趙雲拆視了第一個錦囊, 於是他召來500名兵卒, 命令他們披紅掛彩, 到東吳都城南徐採買婚喜禮品和物件, 逢人便說劉備入婿東吳的消息, 弄得城中百姓人人皆知. 孔明的錦囊妙計中還教劉備到東吳後首先拜訪孫策, 周瑜之妻'二喬'的父親喬國老, 劉備也按計而行. 他牽羊擔酒前往拜望喬國老, 敘說特來成親之事. 喬國老得到這個消息後, 便進宮向孫權的母親吳國太道喜稱賀. 吳國太聞言大驚, 一面派人去請孫權回話, 一面派人去城中察看究竟. 派出的人很快回來復命, 說喬國老所言非虛, 人已在館驛安歇, 500名隨行士卒也在城中購買豬羊果品, 準備成親. 吳國太為此大吃一驚. 等孫權到來時, 吳國太氣不打一處來, 她捶胸大哭. 孫權知道露了餡, 只得如實道來. 他說: "許婚乃周瑜之計, 只是以招親為名, 賺來劉備, 討還荊州. 若劉備不還荊州, 先除掉他." 國太一聽, 更加怒不可遏, 她大罵周瑜說: "周瑜這小子無計去取荊州, 倒打起我女兒的主意, 使出這美人計. 如果真的殺了劉備, 我女豈不成了望門寡, 以後讓她如何做人, 這豈不誤了她的一生!" 喬國老也從旁打邊鼓, 他說: "如用此計, 即便是得到荊州, 也會被天下人所恥笑. 此事如何行得?" 孫權被訓得呆若木雞, 一時語塞. 吳國太仍然怒氣未消, 還在不停地大罵周瑜. 喬國老勸她說: "劉玄德乃漢朝皇室宗親, 倒不如順水推舟, 招他為婿, 免得張揚出去丟醜." 孫權又不願意. 正在孫權與喬國老爭論不休的時候, 國太又發下了話, 她說: "我明天要在甘露寺與劉備見面, 親自相親, 如不中意, 聽你們發落; 如果中了我的意, 我就作主將女兒嫁她." 孫權奉行孝道, 心裏雖然不情願, 但也無可奈何. 喬國老又將孫權, 吳國太要見的事情告訴了劉備, 並教劉備好生留意. 第二天, 吳國太, 孫權, 喬國老等在甘露寺會見劉備. 吳國太一見劉備就大喜過望, 對喬國老說: "真吾婿也!" 喬國老也說劉備具有 "龍鳳之姿"/"天日之表", 把劉備大大地誇獎了一番. 這樣, 劉備與孫權之妹的婚事, 就由國太作主當場敲定. 看來, 並非所有的老頭, 老太太精於世故, 有些也很容易被人情所困. 原來, 孫堅的吳夫人生有四子, 長子孫策, 次子就是孫權, 吳夫人之妹也嫁孫堅為次妻, 孫堅次妻生有一子一女, 其女名叫孫

仁, 也就是欲嫁劉備的孫權之妹. 孫仁自幼尚好武事, 常令侍婢擊劍
為樂. 孫堅的吳夫人已經去世. 甘露寺相親的吳國太就是孫堅的次
妻, 吳夫人之妹.劉備與孫仁成親後, 夫妻二人兩情歡洽. 孫權見弄
假成真, 又給周瑜去信問計, 周瑜也真算得上智能之士, 他很快又
為孫權策劃了盛築宮室, 多選美女, 以此娛劉備之耳目, 喪劉備之心
志, 並使劉備與諸葛亮, 關羽, 張飛等各置一方, 分頭對付的計謀.
這一招還真見效, 劉備在孫權佈置好的溫柔鄉裏, 被聲色所迷, 再
也不提回荊州的事情了. 美人計如果只進行到這裏, 那就算已經成
功了. 由此可見美人計的厲害. 正如有句話講的 "英雄難過美人關".
但不幸的是這件事被諸葛亮的計謀繼續往前推移了. 眼看到了年終,
劉備仍無回歸荊州的意思. 趙雲急忙按諸葛亮原來的交待, 拆視了
第二個錦囊.爾後, 他按計而行, 急見劉備, 並告訴劉備說: "今早孔
明使人來報, 曹操正起兵50萬, 殺奔荊州, 請主公速回." 劉備聞訊
即與孫夫人密商, 安排了利用元旦在江邊遙祭祖先的機會脫離東吳
的計劃. 建安十五年(210)正月元旦, 劉備與孫夫人稟明國太, 聲稱
到江邊祭祖, 瞞著孫權等人, 便踏上回荊州的艱難路程. 當孫權得
知劉備已經離去的消息後, 立即命將追趕.

11) 遺計斬魏延:"卻說姜維在南鄭城上, 見魏延, 馬岱耀武揚威, 風擁
   而來. 維令拽起吊橋. 延, 岱二人大叫. 早降! 維令從人請楊儀商議
   曰: 魏延勇猛, 又有馬岱相助, 雖然軍少, 難以退也. 儀曰: 丞相臨
   終, 遺與一錦囊, 囑之曰: 若魏延反時, 臨城扣敵, 對陣之時方可開
   拆, 便有斬延之計也. 今果如此, 當可視之. 儀遂取出錦囊, 拆封看
   時, 題曰: 待與魏延對敵, 馬上方許拆開. 維喜曰: 既丞相有戒約,
   長史當收執. 吾先引兵出城, 列成陣, 公便可來. 姜維披掛上馬, 綽
   槍在手, 引三千軍, 開了城門, 一齊衝出, 鼓聲大震, 排成陣勢. 維挺

槍縱馬, 立於門旗下, 高聲大罵曰: 反賊魏延! 丞相不曾虧你, 今日如何背反耶? 延橫刀勒馬而言曰: 伯約, 不干你事. 只教楊儀來! 楊儀在門旗影內, 拆開錦囊視之, 如此如此. 儀大喜, 輕騎而出, 立馬於陣前, 手指魏延, 忻然而笑曰: 丞相在日, 知汝久後必反, 教吾提備, 今果應之. 汝敢在馬上連叫三聲『誰敢殺我』, 便是大丈夫, 吾就獻漢中城池與汝. 延大笑曰: 楊儀匹夫聽著! 若孔明在日, 吾卻懼他三分; 他今已死, 天下誰敢敵吾也? 休道連叫三聲, 便叫三萬聲, 有何傷哉! 遂提刀按轡, 於馬上大叫曰: 誰敢殺我? 言未畢, 腦後忽一人厲聲而應曰: 吾敢殺汝! 手起刀落. 斬魏延於馬下. 眾皆駭然. 斬魏延者, 乃馬岱也. 原來孔明火燒木柵寨時, 實欲將司馬懿, 魏延皆要燒死, 故與魏延五百軍為引誘之兵; 不想天降大雨, 其計不成, 卻詐歸罪於楊儀, 又痛責馬岱, 授以密計, 只待口中之言, 便斬魏延. 延因此不疑, 乃求岱為部將, 見孔明已亡, 遂於與岱同反, 到南鄭城下. 楊儀讀罷錦囊, 已知伏下馬岱在內, 故依計而行, 果然應之. 後人有詩曰: 諸葛先明識魏延/已知久後反西川./故留馬岱常監守/計應登時斬魏延."

12) Pilate's Report To Caesar of the Arrest, Trial and Crucifixion of Yeshua(Jesus), From Manuscript in the Mosque of St. Sofia Constantinople Turkey: "To Tiberius Caesar, Emperor of Rome, Noble Sovereign, Greeting: The events of the last few days in my province have been of such a character that I will give the details in full as they occurred, as I should not be surprised if, in the course of time, they may change the destiny of our nation, for it seems of late that all the gods have ceased to be propitious. I am almost ready to say, Cursed be

the day that I succeeded Vallerius Flaceus in the of Judea! for since then my life has been one of continual uneasiness and distress."

13) Mark 12:17: "Then Jesus said to them, 'Give back to Caesar what is Caesar's and to God what is God's.' And they were amazed at him."

14) I thought my wife ought not even to be under suspicion.

15) "'I came; I saw; I conquered'is a Latin phrase popularly attributed to Julius Caesar, who supposedly used the phrase in a letter to the Roman Senate around 46 BC after he had achieved a quick victory in his short war against Pharnaces II of Pontus at the Battle of Zela."

16) 自壬辰至于五六年間, 敵不敢直突於兩湖者, 以舟師之据其路也. 今臣戰船尙有十二, 出死力拒戰則猶可爲也. 今若全廢舟師, 是敵之所以爲幸而由湖右達於漢水, 此臣之所恐也. 戰船雖寡, 微臣不死則不敢侮我矣.

17) 伸救箚 右議政鄭琢: 伏以李某身犯大罪. 律名甚嚴, 而聖明不卽加誅原招之後. 又許嚴推. 非但按獄體段爲然. 抑豈非聖上體仁一念. 期於究得其實. 冀有以或示可生之道也. 我聖上好生之德. 亦及於有罪必死之地, 臣不勝感激之至. 臣嘗承乏命官. 推鞫按囚. 固

非一再. 凡罪人一次經訊. 或多傷斃. 其間雖或有可論之情. 徑自隕
命. 已無所及. 臣嘗竊憫焉. 今某旣經一次刑訊. 若又加刑. 則嚴鞫
之下. 難保其必生. 恐或傷聖上好生之本意也. 當壬辰倭艘蔽海. 賊
勢滔天之日. 守土之臣. 棄城者多. 專閫之將. 全師者少. 朝廷命令.
幾乎不及於四方. 某倡率舟師. 乃與元均. 頓挫兇鋒. 國內人心. 稍
有生意. 倡義者增氣. 附賊者回心. 厥功鉅萬. 朝廷嘉甚. 至加崇秩.
賜以統制使之號. 非不宜也. 當進兵討賊之初. 突戰先登之勇. 不及
元均. 人或致疑. 是固然矣. 元均所領船隻. 適於其時. 謬承朝廷指
揮. 多數燒沈. 不有某之全師. 則無以做出形勢, 克辦奇功矣. 某爲
大將, 見可以進, 不失時機, 能擧舟師, 大振聲勢. 則臨亂不避之勇.
元均固有之, 而畢竟摧陷之功. 某亦不多讓於元均矣. 但於其時, 元
均不無如許大功. 而朝廷恩典. 全及於某. 於元均則還以大損. 中外
至今稱冤. 此則最可惜也. 元均於舟師之事, 才有偏長, 天性忠實,
當事不避, 善於衝突, 兩將協心勠力, 則賊不難退, 臣每於榻前, 啓
達此事. 朝廷以兩將不相能故, 不復用元均, 而獨留某以專舟師之
事. 某諳鍊備禦, 手下才勇, 咸樂爲用, 未嘗喪師, 威聲如舊, 倭奴
之最怕舟師者, 未或不在於此. 其有功於鎭壓邊陲, 大段如此. 或者
以爲某一度建功之後, 更無可記之功. 以此少之, 臣則竊以爲不然.
四五年來, 天將主和, 皇朝東封之事又起. 我國大小將士, 不許措手
於其間, 某不復宣力者, 非其罪也. 近日倭奴之再擧入寇也. 某之不
及周旋者, 其間情勢亦或有可論. 盖凡當今邊將之一番動作, 必待朝
廷之成命. 無復有將軍專閫之事, 倭奴未過海之前, 朝廷秘密下敎.
登時傳致與否, 未可知也. 海上風勢之順逆, 舵之便否, 亦未可知也.
而舟師分番, 不得已之事, 昭載於都體察使自劾狀啓中. 則舟師之臨
急不得致力者, 事勢亦然, 似不可以此全歸於某也. 往日馳啓之中,
其所陳之事, 涉於虛妄, 極可怪駭, 而此說如或得於下輩之誇張, 則

215

恐亦容有中間不察之理. 不然. 某亦非病風之人, 敢爲如是, 臣竊未解. 若夫亂初軍功馳啓之中, 不爲一一從實, 貪人之功, 以爲己功, 委涉誣罔, 以此而問罪, 則某亦何辭焉. 然而除非全德之人, 則於物我相形之際. 能無欲上人之心者盖寡, 因循苟且之間, 鮮不做錯, 特上之人, 察其所犯之大小而有所輕重之耳. 夫將臣者軍民之司命, 國家安危之所係, 其重如此. 故古之帝王, 委任閫寄, 別示恩信, 非有大何. 則曲護而全安之, 以盡其用, 厥意有在. 大抵人才國家之利器, 雖至於譯官筭士之類, 苟有才藝. 則皆當愛惜, 况如將臣之有才者, 最關於敵愾禦侮之用. 其可一任用法而不爲之饒貸耶. 某實有將才, 才兼水陸. 無或不可, 如此之人. 未易可得, 邊民之所屬望, 敵人之所嚴憚, 若以律名之甚嚴而不暇容貸. 不問功罪之相準, 不念功能之有無, 不爲徐究其情勢. 而終致大譴之地, 則有功者無以自勸. 有能者無以自勵. 雖至挾憾如元均者, 恐亦未能自安. 中外人心, 一擈解體, 此實憂危之象, 而徒爲敵人之幸. 一某之死, 固不足惜, 於國家所關非輕. 豈不重可爲之慮乎. 古者, 不遞將臣, 終收大功. 秦穆之於孟明者, 固非一二, 臣不暇遠引, 只以聖上近日之事啓之, 朴名賢亦一時之猛將也. 嘗觸邦憲, 朝廷特原其罪, 未幾, 有湖右之變, 變過己丑, 而名賢一擧戡定. 功在宗祊, 其棄瑕責效之意至矣. 今某罪陷大辟, 幾犯十惡, 律名甚嚴, 誠如聖敎. 某亦知公論之至嚴, 常刑之可畏, 無望自全. 乞以恩命特減訊次, 使之立功自效, 其感戴聖恩. 如天地父母, 隕首圖報之志, 必不居名賢之下. 而我聖主中興圖閣之勳, 臣安知不起於今日胥靡乎. 然則聖主禦將用才之道, 議功議能之典. 許人改過自新之路, 一擧而俱得, 其有補於聖主撥亂之政. 豈淺淺哉.

18) ACHESON'S SPEECH TO THE NATIONAL PRESS CLUB,

JANUARY 12, 1950: "This afternoon I should like to discuss with you the relations between the peoples of the United States and the peoples of Asia……. What is the situation in regard to the military security of the Pacific area, and what is our policy in regard to it? / In the first place, the defeat and the disarmament of Japan has placed upon the United States the necessity of assuming the military defense of Japan so long as that is required, both in the interest of our security and in the interests of the security of the entire Pacific area and, in all honor, in the interest of Japanese security. We have American, and there are Australian troops in Japan. I am not in a position to speak for the Australians, but I can assure you that there is no intention of any sort of abandoning or weakening the defenses of Japan, and that whatever arrangements are to be made, either through permanent settlement or otherwise, that defense must and shall be maintained……."

19) 교통방송(TBC), 2015. 5. 14. 〈열린 아침 고성국입니다〉: "새누리당 이철우 의원 '이병호 국정원장 좀 더 정확……. 말씀하신대로 미국의 기술 정보와 우리 정보 기관이 가지고 있는 인적 정보, 휴민트 정보를 결합해서 크로스 체킹을 하면 상당히 정확한 정보 파악이 된다고 하더라고요. 그러니까 이제 이렇게 미국하고 그래서 한미 간에……."

20) A Definition of Intelligence, APPROVED FOR RELEASE

1994, CIA HISTORICAL REVIEW PROGRAM, 18 SEPT 1995. SECRET A recent article in STUDIES provokes here a second attempt to sort out a tangled concept. A DEFINITION OF INTELLIGENCE/ Martin T. Bimfort……. "Intelligence is the collecting and processing of that information about foreign countries and their agents which is needed by a government for its foreign policy and for national security, the conduct of non-attributable activities abroad to facilitate the implementation of foreign policy, and the protection of both process and product, as well as persons and organizations concerned with these, against unauthorized disclosure."

21) 경향신문, 2015. 7. 9. '방산 비리' 얼룩진 해군 "15개 방산 핵심 사업, 해군이 맡아야": "방사청은 해군 무기 체계 획득을 담당하는 이들 직위를 과거 해군 장교들이 독식하다시피 하면서 통영함 납품 비리를 비롯한 방위 사업 비리가 잇달아 터져 나오고 있다고 보고 있다. 방사청은 2017년까지 현역 군인을……."

22) SBS TV, 2015. 7. 3.: "세계서 가장 비싼 F35……, 모의 전투 결과 '반전'/ 40년 된 전투기 F16이 세계에서 가장 비싼 무기라 불리는 차세대 전투기 F35를 상대로 완승을 거뒀습니다. 지난 1월 미국 캘리포니아에서 실시한 모의 전투 결과인데요, 자세한 소식 김태훈 기자가 취재 파일을 통해 전했습니다. F35는 록히드 마틴의 최신예 스텔스 전투기인데요, 1970년대에 개발된 F16 앞에서 맥을 못 췄습니다. 주특기가 멀리서 보고 먼저 쏘는 것이다 보니 기동성이 필요한 근접 교전에서는

밀린 겁니다. 1만 피트에서 3만 피트 상공에 직접 떠서 시뮬레이션 방식으로 17차례의 근접전을 벌였는데요. F35는 상승 속도가 느리고 일반 급기동 성능도 상대적으로 떨어진데다가 공격에 유리한 위치를 잡거나 상대의 공격을 피하는 데에 어려움을 겪었습니다. 이번 훈련으로 F16의 인기만 높아져서 외신들도 값만 많이 나가고 개발 일정만 지연되고 있는 F35를 조롱했고 근접전에서 F35는 시체, 죽은 목숨이나 다름없다며 도망가는 게 상책이라는 식으로 비아냥거렸습니다. 그런데도 우리 공군은 F35 40대를 도입하기로 했습니다."

23) 연합뉴스, 2015. 1. 19. "F35 스텔스기 설계정보, 중국 스파이가 빼돌려"(종합 2보): "(도쿄·시드니·베이징=연합뉴스) 미국 등이 개발 중인 최신예 스텔스 전투기 F35 설계 등의 기밀 정보가 중국 사이버 스파이에 의해 빼돌려졌다고 호주 일간 시드니 모닝 헤럴드가 독일 언론을 인용해 19일 보도했다. 신문은 독일 시사주간지 슈피겔 보도를 인용해 에드워드 스노든 전 미국 국가안보국(NSA) 요원이 폭로한 기밀 문건에 이런 내용이 포함돼 있다고 전했다. 유출 시기는 2007년으로 보인다."

24) In 1798, Thomas Malthus wrote: "Famine seems to be the last, the most dreadful resource of nature. The power of population is so superior to the power of the earth to produce subsistence for man, that premature death must in some shape or other visit the human race. The vices of mankind are active and able ministers of depopulation. They are the precursors in the great army of destruction, and often fin-

ish the dreadful work themselves. But should they fail in this war of extermination, sickly seasons, epidemics, pestilence, and plague advance in terrific array, and sweep off their thousands and tens of thousands. Should success be still incomplete, gigantic inevitable famine stalks in the rear, and with one mighty blow levels the population with the food of the world." —Malthus T.R. 1798. An essay on the principle of population. Chapter VII, p61

25) The Newsom Report(1963), Half Our Future. A report of the Central Advisory Council for Education(England), London: Her Majesty's Stationery Office, 1963. ©Crown copyright material is reproduced with the permission of the Controller of HMSO and the Queen's Printer for Scotland.

26) 1839 – Lord Durham's Report: "By 1839, the rebellions were over but Upper and Lower Canada were plunged into a period of despair and bitterness. More than two hundred Patriotes and Upper Canadian rebels had died on the battlefield while others had been hanged or sent into exile. The forces of reform were decisively defeated and the economy took a turn for the worse. Poor harvests reduced numerous many farmers to poverty. Upon his return to London in 1838, John George Lambton, the Earl of Durham tabled his report, which outlined the conclusions he had drawn dur-

ing his stay in the British colonies of North America. Lord Durham paid particular attention to the relations between the English and the 'Canadiens' of Lower Canada. In his opinion, it was necessary to give the elected assembly more power. "It is not by weakening but in strengthening the influence of the people on their government", he wrote, 'that it will be possible, in my view, to bring about concord where discord has so long reigned, and to introduce a hitherto unknown regularity and vigor into the administration of the provinces.'"

27) The Balfour Declaration of 1926, issued by the 1926 Imperial Conference of British Empire leaders in London, was named for Lord President of the Council (and former Prime Minister of the United Kingdom) Arthur Balfour. It declared the United Kingdom and the Dominions to be: "autonomous Communities within the British Empire, equal in status, in no way subordinate one to another in any aspect of their domestic or external affairs, though united by a common allegiance to the Crown, and freely associated as members of the British Commonwealth of Nations."

28) The Crowther Report(1959), '15 to 18', A report of the Central Advisory Council for Education(England), London: Her Majesty's Stationery Office, 1959, ©Crown copyright material is

reproduced with the permission of the Controller of HMSO and the Queen's Printer for Scotland: "In March 1956 the Minister of Education, David Eccles, asked the Central Advisory Council for Education(England), 'to consider, in relation to the changing social and industrial needs of our society, and the needs of its individual citizens, the education of boys and girls between 15 and 18, and in particular to consider the balance at various levels of general and specialised studies between these ages and to examine the inter-relationship of the various stages of education.' Some of the report's main recommendations: i) extended courses should be made available for all modern school pupils: local authorities should aim at providing such courses for half of 15 year olds by 1965 and, wherever possible, these extended courses should be in the schools that the pupils have attended since they were 11; ii) attention to the needs of the minority of abler pupils should not be allowed to lead to neglect of the interests of the many boys and girls for whom preparation for external exams would be inappropriate; iii) all pupils who have the ability to attempt some subjects at GCE Ordinary level should have the opportunity to do so, and about a third of pupils in modern schools should be given the chance to take external examinations below the level of the GCE, developed on a regional or local basis; iv) school assessment should be given greater weight and a new system of leaving certificates should be developed; ……."

29) The Kinsey Reports are two books on human sexual be-
havior: Sexual Behavior in the Human Male (1948) and
Sexual Behavior in the Human Female(1953), written by
Alfred Kinsey, Wardell Pomeroy and others and published
by Saunders. Kinsey was a zoologist at Indiana University
and the founder of the Kinsey Institute for Research in Sex,
Gender and Reproduction (more widely known as the Kinsey
Institute). Sexual Behavior in the Human Female was based
on personal interviews with approximately 6,000 women.
Kinsey analyzed data for the frequency with which women
participate in various types of sexual activity and looked at
how factors such as age, social-economic status and reli-
gious adherence influence sexual behavior. Comparisons are
made of female and male sexual activities. Kinsey's evidence
suggested that women were less sexually active than men.
The publications were immediately controversial among the
general public. The findings caused shock and outrage, both
because they challenged conventional beliefs about sexual-
ity and because they discussed subjects that had previously
been taboo.

30) Business Week, Sep. 15, 1995, P.37 "We aren't report-mak-
ers, but the policeman to catch the law-breakers against the
combat."

31) 박문규, 경향신문, 2014. 5. 19. 경향의 눈(논설) 보고서 망국론: "박
대통령이 사고 34일째인 어제 대국민 담화를 통해 수습 대책을 내놨
다. 해경을 무장 해제한 뒤 국가안전처를 신설하는 게 주된 골자다. 컨
트롤 타워를 옮기고 부처 이름 바꾼다고 이번에는 해결될까. 천만의
말씀이다. 국민의 안전은 안중에도 없다. 조직의 운명과 예산, 승진이
걸린 그들만의 경쟁이다. 그럴듯한 논리와 정당성을 앞세운 현란한 '페
이퍼 워크' 경쟁이 시작된 것이다. 하지만 매뉴얼의 운명도 이걸로 끝
이다. 언제나 그래왔다. 세월호가 이렇게 우리의 뇌리에서 또 잊어지는
게 두렵다."

32) 김달원, 냉철하게 쓰고 한 눈에 보이는 보고서의 정석, 나비의 활주
로, 2015. p.14

33) 상계서, pp. 4~5

34) Winston Churchill:"This report, by its very length, defends
itself against the risk of being read."

35) Winston Churchill: "Please, be good enough to put your
conclusion and recommendations on one sheet of paper in the
beginning of your report, so I can even consider reading it."

36) 연합뉴스, 2005.9.21. 김희선기자: "직장인 10명 중 7명은 보고서나
제안서 같은 문서를 작성하는데 어려움을 느끼고 있는 것으로 조사됐
다. 21일 비즈니스 지식포털 비즈몬(www.bizmon.com)이 직장인 872

명을 대상으로 설문 조사를 실시한 결과, 전체 응답자의 72.1%가 '업무상 문서 작성에 어려움을 느끼고 있다'고 답했다. 또 59.2%는 자신이 상급자나 외부업체에 제출한 문서가 재작성 요청을 받고 되돌아온 경험이 있다고 밝혔다. 직급별로는 회사에서 실무를 맡는 대리급(77.0%)이 문서 작성에 가장 어려움을 느끼는 것으로 조사됐고, 직종별로는 기획·홍보직(78.4%)과 생산·기술직(78.3%) 가운데 문서작성을 어려워하는 이들이 많은 것으로 나타났다. 문서 작성시 어려움을 느낀 부문으로는 23.5%가 적절하게 참고할 수 있는 문서 예문의 부재를 꼽았고, 설득력 있는 문장력 작성(20.3%), 도표, 디자인 등 문서의 시각적 표현(16.1%), 타당성 있는 논리의 전개(14.6%) 등의 응답이 뒤를 이었다. 이처럼 대다수 직장인들이 문서 작성에 어려움을 느끼고 있지만 입사 후 문서 작성능력 배양을 위한 교육을 받은 이들은 전체의 20.2%에 불과했다.

37) 한겨레, 1999. 5. 19.: "클린턴의 '피노키오 효과', "거짓말 때마다 코 만져" – 빌 클린턴 미국 대통령은 전 백악관 인턴 직원 모니카 르윈스키와의 성추문에 관한 대배심 증언에서 코를 1분당 평균 26차례나 만짐으로써……."

38) Albert Mehrabian, Professor Emeritus of Psychology, UCLA, has become known best by his publications on the relative importance of verbal and nonverbal messages. His findings on inconsistent messages of feelings and attitudes have been misquoted and misinterpreted throughout human communication seminars worldwide, and have also become known as

the 7%–38%–55% Rule, for the relative impact of words, tone of voice, and body language when speaking.......Attitudes and congruence[edit]According to Mehrabian, the three elements account differently for our liking for the person who puts forward a message concerning their feelings: words account for 7%, tone of voice accounts for 38%, and body language accounts for 55% of the liking.

39) 한겨레, 2015. 7. 10. 국정원, 8억 주고 불법 해킹 프로그램 구입 의혹 등록: "국가 정보원 프로그래머 이준행 씨 주장, "이탈리아 소프트웨어 업체 유출 내부 문서에 국정원 대외명인 '5163 부대' 구입 내역이 나와 국정원은 구입 여부 확인 거부, 전국민 상대 실시간 정보 감시 가능할 것" 해킹으로 유출된 이탈리아의 한 소프트웨어 개발 회사 내부 문서에서 한국의 국가 정보원이 이 업체의 불법 감청프로그램을 구입한 내역이 확인됐다는 주장이 나와 논란이 일고 있다. 유출된 자료에는 이 회사로부터 '스파이웨어' 감청 장비를 구매한 세계 각국의 정부 기관들에 대한 모든 정보가 담겨 있다."

40) YTN, 2015. 6. 10. 08:16, "정윤회 문건 대통령기록물 재검토 필요": "대통령기록물관리법 위반 혐의로 기소된 조응천 전 청와대 비서관과 박관천 전 행정관의 재판에서 재판부가 대통령기록물 판단 여부에 대해 재검토가 필요하다고 지적했습니다. 서울중앙지방법원은 어제 열린 조 전 비서관 등의 재판에서 검찰에 대통령기록물의 판단 여부과 관련된 의견서를 다시 제출하라고 지시했습니다. 재판부는 검찰이 청와대에서 생산된 메모라도 대통령기록물이라고 주장하지만 형법상 처벌과

연계된 경우 치밀한 검토가 필요하다고 강조했습니다. 이날 재판에서는 증인으로 출석한 전 청와대 관계자가 민정수석실에서 생산한 문건은 대통령기록물로 취급하지 않는 게 관행이라고 증언했습니다. 또 증인으로 나선 이 모 전 청와대 행정관도 민정수석실 문건은 보고가 끝나면 파쇄했다며, 대통령기록물로 봐야 한다는 검찰의 주장과 배치되는 증언을 하기도 했습니다. 이에 대해 검찰은 청와대 비서실이 필요에 따라 내부 문건을 대통령기록관으로 이관하지 않기도 하지만, 그렇다고 해서 대통령기록물이 아니라고 볼 수 없다고 반박했습니다. 김주영 [kimjy0810@ytn.co.kr]

41) Information graphics or infographics are graphic visual representations of information, data or knowledge intended to present information quickly and clearly. They can improve cognition by utilizing graphics to enhance the human visual system's ability to see patterns and trends. Similar pursuits are information visualization, data visualization, statistical graphics, information design, or information architecture. Infographics have evolved in recent years to be for mass communication, and thus are designed with fewer assumptions about the readers knowledge base than other types of visualizations. Isotypes are an early example of infographics conveying information quickly and easily to the masses.

42) 폰트를 달리하거나, 박스 등의 시각적인 기능을 활용하여 문장의 머

리나 좌우에 요약하여 긴 본문을 다 읽지 않아도 알 수 있도록 요약해
둠으로 한 눈에 보이도록 하는 기법

43) 문서의 첫 단락(first paragraph)에 전체를 요약하여 전체를 읽지
   않아도 한눈에 단숨에 읽어서 알도록 하는 기법, 한 단락의 문장으로,
   한 장의 카버 레터(cover letter) 및 일면보고서(one-page report)와
   같은 기능함.

44) 김달원, 냉철하게 쓰고 한 눈에 보이는 보고서의 정석, 나비의 활주
   로, 2015, p. 13

45) 노무현 대통령비서실 보고서 품질 향상 연구팀, 대통령 보고서, 위즈
   덤하우스, 2011, pp. 80~86

46) 개조식(article-type description)이란 법조문이 대표적 형식인데,
   주요한 항목을 나열함으로써 평소에 자주 접한 내용은 빠른 시간 내
   에 내용을 파악하기가 용이함. 그러나 서술식 문장을 대하던 사람은
   내용 파악이 전혀 되지 않는 경우도 있음. 그래서 최근에서는 개조·서
   술식 문장을 선호하기도 함.

47) A meme(/'mi ː m/meem) is 'an idea, behavior, or style that
   spreads from person to person within a culture.' A meme
   acts as a unit for carrying cultural ideas, symbols, or prac-
   tices that can be transmitted from one mind to another
   through writing, speech, gestures, rituals, or other imitable

phenomena with a mimicked theme. Supporters of the concept regard memes as cultural analogues to genes in that they self-replicate, mutate, and respond to selective pressures.

48) 노무현 대통령비서실 보고서 품질 향상 연구팀, 대통령 보고서, 위즈덤하우스, 2011, pp. 71~79

49) 유정식, 흔글3.0과 탁상 편집, 혜민사, 1996, p. 180.

50) 홍창표, "중국의 금융 위기 발생 가능성 및 인민폐 환율 전망", 기업나라, 1998, 2월호, p. 42

51) 장순옥, 글쓰기 지우고 줄이고 바꿔라, 북로드, 201, p. 16

52) 이의용, "사보의 기획과 편집", 동일출판사, 1990, p. 168

53) 復命書 (ふくめいしょ) とは, 職員が上司から会議への出席, 調査など特定の事項を命ぜられて出張した場合に, その経過, 内容及び結果について上司に報告するために作成する文書をいう. 文部科学省科学研究費補助金を利用して出張を行い, 旅費を支出する際には出張報告書が必ず求められる.

54) 明心寶鑑: "欲知未來者先察其情"

55) 후광 효과(hallow effect): 한 번 서류를 깔끔하고 정확하게 만들어 가지고 갔을 경우에 신임을 얻었다면 나중에는 그 사람을 보고 서류를 보지 않는 경향이 있다.

56) 禪家龜鑑, 序文, "細雨濕衣看而不見, 閑花落地聽而無聲……."

57) 大學, "心不在焉觀而不見食卽不知其味……."

58) 상보설(相補說), 보어(Bore)의 양자설의 일종임. "개 눈에는 똥밖에 띄지 않는다." 혹은 "부처님의 눈에 부처만 보인다." 등으로 마음에 없으면 눈으로 봐도 알지 못함.

59) 'But for' Rule: "In the law of Negligence, a principle that provides that the defendant's conduct is not the cause of an injury to the plaintiff, unless that injury would not have occurred except for('but for') the defendant's conduct. In order to be liable in negligence, the defendant's conduct must constitute the proximate cause, or direct cause, of the plaintiff's injury. The concept of proximate cause encompasses both legal cause and factual cause, and the 'but for' rule pertains to the latter. It is also referred to as the sine qua non rule, which means 'without which not', or an indispensable requirement or condition. The 'but for' rule is a rule of exclusion, in that the defendant's conduct is not a cause of the event, if the event would have occurred without

it······."

60) 경제회생 골든타임 1분 1초가 아깝다, 파이낸셜 뉴스, 2015. 6. 30.: "청와대와 새누리당은 그간 기회 있을 때마다 집권 3년째인 올해를 이 정권이 제대로 일할 수 있는 마지막 기회라고 말해왔다. 큰 선거가 없어 유권자의 표심에서 자유롭고, 기득권을 가진 이해 집단의 반(反)개혁적 저항을 버텨낼 수 있어서다. 그래서 '2015년은 국정의 골든 타임'이라고 외쳤다. 박근혜 대통령은 4대 구조 개혁과 경제에서 성과를 내겠다는 의지를 보였다. 국회도 어렵사리 4대 개혁의 시금석인 공무원연금 개혁안을 통과시켰다. 논란과 진통을 겪었지만 첫 단추는 잘 끼웠다. 민주주의는 시끄러울 수밖에 없지 않은가. 하지만 경제 활력 회복, 민생 안정 그리고 남은 구조 개혁에 고삐를 잡아야 할 중차대한 시기에 국회법 정쟁이 발목을 잡았다. 당청 충돌로 번진 거부권 정국이 온 나라를 뒤덮고 있다. 국민은 생활고에 시달리면서도 중동호흡기증후군(메르스) 종식을 위해 사투를 벌이는 상황에 여권은 내부 갈등으로 시간만 보내고 있다.

61) 굿모닝충청, 2015. 6. 10. 말로만 골든 타임······, 무능한 현 정권에 개탄!(홍경석 기자)

62) 孫子兵法, 軍爭,是故朝氣銳晝氣惰暮氣歸, 故善用兵者, 避其銳氣, 擊氣惰氣, 此治氣者也.

63) 論語, 述而篇, 我不生而知之者, 猶困而知之者也

64) KBS2, 2010. 3~5. '미녀들의 수다', 172회 방송: "대한민국 내에 거주하는 외국인의 수는 약 50만 명! 그만큼 세계 속의 한국이라는 말이 전혀 어색하지 않다. 그 중 외국인 여성들이 본 한국의 문화, 그리고 한국 남자들은 과연 어떤 모습일까? 국내에 거주하며 우리나라를 몸소 체험한, 각국의 외국인 여성 16명이 출연."

65) 북한 작가 석윤기의 『고난의 행군』은 총서 '불멸의 력사' 중의 하나로 1981년 평양의 문예출판사에서 간행된 장편 소설. 이 책은 총 719페이지로 다소 많은 분량인데 모두 4편으로 구분.

66) KTV(국정방송), 2015. 7. 31. 10:00, "박대통령, 페이스북에 휴가 근황."

67) John Gray, Men Are from Mars, Women Are from Venus, 1993: " One example is men's complaint that if they offer solutions to problems that women bring up in conversation, the women are not necessarily interested in solving those problems, but mainly want to talk about them……. Another major idea put forth in Gray's book regards the difference in the way the genders react to stress. Gray states that when men's tolerance to stressful situations is exceeded, they withdraw temporarily, 'retreating into their cave', so to speak. Often, they literally retreat: for example, to the garage, or to go spend time with friends. In their 'caves', men (writes Gray) are not necessarily focussed on the problem at hand; the

'time-out' lets them distance themselves from the problem
and relax, allowing them to re-examine the problem later
with a fresh perspective……. Then, a woman needs the at-
tention, listening, understanding, and reassurance of those
around her-as well as self-love.

68) "빨간색 옷차림의 '정치학'" 연합뉴스, 2015. 7. 17.: "'이 옷을 투자
활성화복(服)이라고 부르겠습니다.' 박근혜 대통령이 17일 청와대에
서 열린 관광진흥확대회의에서 자신이 입고 나온 빨간색 재킷을 이
렇게 명명했다. 박 대통령은 이날 경제 활성화를 위해 투자 활성화가
중요하다고 강조하면서 "여기에 열정을 불어넣어야 한다는 생각에서
오늘도 지난번 무역투자진흥회의에 이어 빨간색 옷을 입고 나왔다"고
강조했다. 대통령은 지난 11일 청와대에서 제2차 무역투자진흥회의
를 주재할 때도 빨간색 재킷을 입었다. 당시 박 대통령은 "우리 경제
에 많은 열정을 우리가 불어넣어서 경제를 활력 있게 살려야 한다는
뜻으로 제가 열정의 색깔인 빨간색을 입고 나왔다"고 의미를 부여했
다. 두 차례 모두 빨간색을 '열정'의 상징으로 언급한 것이다. 하반기
국정의 중심을 경제 살리기와 민생 경제 회복에 둔 박 대통령은 빨간
색을 입음으로써 우리나라 경제가 불처럼 활활 타오르기를 기대한 것
으로 보인다.

69) 친박과 '여의도 십상시', 동아일보, 2015. 7. 10.: "이제는 박근혜 대통
령이냐 유승민 원내 대표냐 선택의 시점이다. 안 되면 대통령 탈당이
지 어떻게 하겠느냐." 새누리당 유 전 원내 대표의 사퇴 여부로 논란이
거셀 때, '친박(친 박근혜) 핵심' 의원은 심심찮게 이런 말을 했다. 유

승민이 사퇴하지 않으면 박 대통령은 탈당할 것이며, 그런 상태에서 새누리당이 내년 총선을 치를 수 있겠느냐는 요지로 소속 의원들의 선택을 압박하는 얘기였다. 유승민이 사퇴한 지금, 친박들은 되레 박 대통령 의중 말고는 내세울 게 없는 집권주체 세력의 허약한 실체만 노출한 꼴이 됐다.

70) 孫子吳起列傳(史記): "吳起者, 衛人也, 好用兵. 嘗學於曾子, 事魯君. 齊人攻魯, 魯欲將吳起, 吳起取齊女爲妻, 而魯疑之. 吳起於是欲就名, 遂殺其妻, 以明不與齊也. 魯卒以爲將. 將而攻齊, 大破之. 魯人或惡吳起曰: 起之爲人, 猜忍人也. 其少時, 家累千金, 游仕不遂, 遂破其家, 鄕黨笑之, 吳起殺其謗己者三十餘人, 而東出衛郭門. 與其母訣, 齧臂而盟曰: 起不爲卿相, 不復入衛. 遂事曾子. 居頃之, 其母死, 起終不歸. 曾子薄之, 而與起絶. 起乃之魯, 學兵法以事魯君. 魯君疑之, 起殺妻以求將. 夫魯小國, 而有戰勝之名, 則諸侯圖魯矣. 且魯衛兄弟之國也, 而君用起, 則是棄衛. 魯君疑之, 謝吳起. 吳起於是聞魏文侯賢, 欲事之. 文侯問李克曰: 吳起何如人哉? 李克曰: 起貪而好色, 然用兵司馬穰苴不能過也. 於是魏文侯以爲將, 擊秦, 拔五城. 起之爲將, 與士卒最下者同衣食. 臥不設席, 行不騎乘, 親裹贏糧, 與士卒分勞苦. 卒有病疽者, 起爲吮之. 卒母聞而哭之. 人曰: 子卒也, 而將軍自吮其疽, 何哭爲? 母曰: 非然也. 往年吳公吮其父, 其父戰不旋踵, 遂死於敵. 吳公今又吮其子, 妾不知其死所矣. 是以哭之."

71) Soft power is a concept developed by Joseph Nye of Harvard University to describe the ability to attract and co-

opt rather than coerce, use force or give money as a means of persuasion. Recently, the term has also been used in changing and influencing social and public opinion through relatively less transparent channels and lobbying through powerful political and non–political organizations. In 2012, Nye explained that with soft power, 'the best propaganda is not propaganda', further explaining that during the Information Age, 'credibility is the scarcest resource'. Nye coined the term in a 1990 book, Bound to Lead: The Changing Nature of American Power. He further developed the concept in his 2004 book, Soft Power: The Means to Success in World Politics. The term is now widely used in international affairs by analysts and statesmen. For example, in 2007, CPC General Secretary Hu Jintao told the 17th Communist Party Congress that China needed to increase its soft power, and the US Secretary of Defense Robert Gates spoke of the need to enhance American soft power by "a dramatic increase in spending on the civilian instruments of national security – diplomacy, strategic communications, foreign assistance, civic action and economic reconstruction and development." In 2010 Annette Lu, former vice–leader of the Taiwan(Republic of China), visited South Korea and advocated the ROC's use of soft power as a model for the resolution of international conflicts. General Wesley Clark, when discussing soft power, commented that "it gave us an influence far beyond the hard edge of traditional balance–

of-power politics."

72) Since you're so talented, you should succeed in whatever you do./In the end, everything will turn out well. Everything will turn out okay in the end./I'm sure it(things) will work out./Everything will go smoothly(well)./Don't worry, it will all come out in the wash./You wait and see. Things will turn out all right./I'm sure it'll be all right./Everything happens for the best./You can rest assured that everything will be all right./Dry your teats. Everything will be OK./Things are being taken care of one at a time./Don't worry, Everything's under control./Things are working out as planned./May everything you do turn out well.

73) Don't Worry. Be happy, Bobby Mcferin, "Here's a little song I wrote,/ You might want to sing it note for note./ Don't worry, be happy/ In every life we have some trouble,/ When you worry you make it double./ Don't worry, be happy./ Don't worry, be happy now./ Don't worry, be happy./ Don't worry, be happy./ Don't worry, be happy./ Don't worry, be happy./ Ain't got no place to lay your head,/ Somebody came and took your bed./ Don't worry, be happy./ The landlord say your rent is late,/ He may have to litigate./ Don't worry, (small laugh) be happy./ Look at me I'm happy./ Don't worry, be happy./ I give you my phone number./ When your worried, call me,/ I

make you happy./ Don't worry, be happy./ Ain't got no cash, ain't got no style./ Ain't got no girl to make you smile./ But don't worry, be happy./ Cause when you worry, your face will frown,/ And that will bring everybody down./ So don't worry, be happy."

74) 슈마허의 저서 '작은 것이 아름답다(Small is beautiful).' 영국 속담 '작은 상자에 값진 보석', 몽골 속담 '여자와 보석은 작아야 한다.' 등

75) MBN(채널16 종편 방송), 2015. 8. 3. 21:30, 인하대학교 윤태익

76) In 1815, B. Napoleon returned to lead the French government, only to find himself at war against another coalition. This new coalition decisively defeated him at the Battle of Waterloo in June

77) 이대영, 대구 시정 혁신 기획단 자유성 카페, 보고서를 던지고 문제 현장으로 가라.: "사실, 왜곡된 보고서는 보고 받는 사람에게는 '자신의 무덤을 파는 삽(spade to dig a grave for receiver)'이다. 보고서는 i) 보고하는 사람의 의도가 복선으로 깔리기에, 받는 사람의 눈가리개가 된다. ii) 보고서 작성 과정에 여과되어 현실이 왜곡될 수 있다. iii) 보고서는 보고자의 시야와 일부분만 다루기에 군맹무상(群盲撫象)의 색안경이다. 김정길 전 장관의 말씀처럼 행정 기관장이 빠질 수 있다던 i)한정된 정보의 함정, ii) 잘한다는 사람으로 둘러 싸인 인의 장막, iii) 쓸데없는 일정으로만 바쁜 스케줄의 함정으로 자기의 무

덤을 파게 된다는 경고를 명심해야 할 것이다."https://www.daegu.go.kr/Clubs/ClubBoard.aspx, 2006. 10. 5.

78) 나가노 아키노, 나상억외 역, 기획서 잘 쓰는 법, 21세기북스, 2005, p. 177

79) 상계서, p. 193

80) 노무현 대통령비서실 보고서 품질 향상 연구팀, 대통령보고서, 위즈덤하우스, 2011, pp. 80~86

감성보고서 마술을 펼치다

펴 낸 날 2016년 2월 15일

공   저 이대영, 박성철
펴 낸 이 최지숙
편집주간 이기성
편집팀장 이윤숙
기획편집 박경진, 윤일란
표지디자인 박경진
책임마케팅 윤은지
펴 낸 곳 도서출판 생각나눔
출판등록 제 2008-000008호
주   소 서울 마포구 동교로 18길 41, 한경빌딩 2층
전   화 02-325-5100
팩   스 02-325-5101
홈페이지 www.생각나눔.kr
이 메 일 webmaster@think-book.com

• 책값은 표지 뒷면에 표기되어 있습니다.
  ISBN 978-89-6489-559-7 13190

• 이 도서의 국립중앙도서관 출판 시 도서목록(CIP)은 서지정보유통지원시스템 홈페이지
  (http://seoji.nl.go.kr)와 국가자료공동목록시스템(http://www.nl.go.kr/kolisnet)에서
  이용하실 수 있습니다(CIP제어번호: CIP2016002734).